GUÍA COMPLETA
DEL COLIVING

ARACELI MARTÍN-NAVARRO
SANDRA DAZA SILVA
(*Coordinadoras*)

GUÍA COMPLETA DEL COLIVING

Conoce a través de los principales protagonistas del Flex Living, todos sus aspectos sociales, jurídicos, económicos y arquitectónicos

Prólogo de SIGFRIDO HERRÁEZ y ENRIQUE MANZANO

ARACELI MARTÍN-NAVARRO
SANDRA DAZA
LOURDES PÉREZ
ANTONIO ÑUDI
BORJA DE GABRIEL
AGUSTÍN LEÓN
JOSÉ MARÍA EZQUIAGA
IRENE TRUJILLO
MARINO LASO
JOSÉ MARÍA G. ROMOJARO
JOSÉ ANTONIO GRANERO
JAVIER KINDELAN
JENNIFER SÚAREZ
LUIS ANTONIO MADRID
MARTA LOZANO
ANA LOZANO
JESÚS RUIZ
CARLOS OÑATE
ANDREW BROWN
DANIEL BENEDITO
MANUEL VIDAL-QUADRAS
MARÍA SAN JUAN
CAMINO ROLDÁN
NICOLÁS LÓPEZ
JAIME DÍAZ DE BUSTAMANTE
XAVI PROS

tecnos

Diseño de cubierta:
Carlos Lasarte

C/ Valentín Beato, 21 - 28037 Madrid

PAPEL DE FIBRA CERTIFICADA

ISBN: 978-84-309-9185-3
Depósito Legal: M-21164-2024

Printed in Spain

ÍNDICE

CASOS PRÁCTICOS

ENTREVISTAS

RELACIÓN DE AUTORES

ARACELI MARTÍN-NAVARRO
Socia Fundadora y Presidenta de COWORD

SANDRA DAZA
Directora General de GESVALT
Socia Vocal Advisory COWORD

LOURDES PÉREZ
Dir. Value and Risck Advisory-Healthcare & Flex Living at JLL

ANTONIO ÑUDI
Socio ANDERSEN y Socio Fundador COWORD

BORJA DE GABRIEL
Socio ANDERSEN

AGUSTÍN LEÓN
Socio Departamento Derecho Público y Regulatorio.
MONTERO ARAMBURU ABOGADOS

JOSÉ MARÍA EZQUIAGA
Dr. Arquitecto

IRENE TRUJILLO
Socia Fundadora y Vicepresidenta COWORD

MARINO LASO
Senior Marketing Manager GREYSTAR

JOSÉ MARÍA G. ROMOJARO
Dir. Arquitectura AEDAS HOMES

JOSÉ ANTONIO GRANERO
Arquitecto. Socio-Fundador ENTREABIERTO

JAVIER KINDELAN
Vicepresidente & Head of Living - CBRE

JENNIFER SUÁREZ
Dir. Syndicate & Debt Sales - BANCO SABADELL

Luis Antonio Madrid
Investment Banking - BANCO SABADELL

Marta Lozano
Dir. Calidad y Fomación Técnica GESVALT

Ana Lozano
Fundadora y CEO de NIDUS LAB y VALENTHIA STRATEGY

Jesús Ruiz
Cofundador y Socio SOLVERS LIVING

AUTORES DE LOS CASOS PRÁCTICOS

Carlos Oñate
Director Gestión Proyectos Técnicos SUTEGA

Andrew Brown
Director Asociado de BUCKLEY GRAY YEOMAN (BGY)

Daniel Benedito
Managing Director VICCARBE

Ana Lozano
Fundadora y CEO de NIDUS LAB y VALENTHIA STRATEGY

Manuel Vidal-Quadras
Cofundador CATERINA HOUSE

María San Juan
Arquitecta

Camino Roldán
Subdirección General EULEN

Nicolás López
CEO THE RESIDENTIAL CLUB

Marino Laso
Senior Marketing Manager GREYSTAR

Jaime Díaz de Bustamante
Socio GÓMEZ ACEBO & POMBO

Xavi Pros
WIFIRST IBERIA

Borja De Gabriel
Socio ANDERSEN

HAN PARTICIPADO EN LAS ENTREVISTAS

María José Piccio-Marchetti (*Directora General de Vivienda y Rehabilitación de la Comunidad de Madrid*).

Carolina Roca (*Presidenta de ASPRIMA/Asociación de Promotores Inmobiliarios de Madrid*).

Enrique Bardají (*Arquitecto*).

Nuria Béjar (*Directora Asociada SAVILLS AGUIRRE NEWMAN*).

Alfonso Merlos (*Vicepresidente DEXTER GLOBAL FINANCE*).

PRÓLOGO

Cuando analizamos las necesidades del sector de la vivienda, podemos observar los cambios que están ocurriendo en la sociedad. Hay un aumento en los hogares unipersonales, la soledad, la falta de una identidad común y la falta de interacción entre las personas.

Aunque la vida en comunidad siempre ha existido en diferentes formas a lo largo de la historia, el *coliving* es una tipología emergente en el contexto moderno de nuestras ciudades. Se considera una de las mejores prácticas, ya que tiene un potencial positivo que va más allá de los residentes y puede impactar a comunidades más amplias. El *coliving* promueve un estilo de vida de menor impacto, sostenible y centrado en la comunidad, con viviendas de alta calidad y buena ubicación.

El objetivo del *coliving* es utilizar espacios comunes e instalaciones compartidas más allá de lo que se usaría en una vivienda individual. Fomenta la convivencia y el intercambio entre residentes y visitantes, lo cual brinda una forma de vida interesante que permite intercambiar conocimientos, ampliar la red de contactos, establecer sinergias y vivir en un entorno emprendedor. Además, ofrece la posibilidad de alquilar por meses o semanas, llevar una vida más sostenible y crecer en un ambiente global.

Hoy en día, el *coliving* se ha diversificado para incluir opciones dirigidas a diferentes grupos demográficos. Por ejemplo, jóvenes que desean independizarse del hogar familiar, personas mayores que buscan una experiencia comunitaria en la que puedan envejecer de manera activa y social, y profesionales que necesitan establecer una residencia temporal.

Los beneficios evidentes del *coliving* se refuerzan cuando se aplica un diseño adecuado. Para garantizar su crecimiento adecuado y seguro, es importante analizarlo desde dos perspectivas: contractual y urbanística. Desde el punto de vista contractual, el *coliving* se encuentra a medio camino entre el hospedaje y el arrendamiento. Desde el punto de vista urbanístico, es necesario establecer normativas que definan cómo funcionan los edificios de *coliving*, sus espacios comunes y privados, y sus servicios. La ciudad de Madrid es un claro ejemplo, ya que recientemente estableció bases arquitectónicas y sociales a través de su normativa urbanística, aunque estas bases pueden ser mejoradas.

La *Guía completa del coliving*, ofrece un análisis detallado a través de sus diferentes capítulos, que abarcan los posibles modelos, los aspectos regulatorios, los aspectos arquitectónicos y el análisis del negocio inmobiliario. El objetivo del libro es proporcionar información y análisis sobre este modelo residencial, con el fin de informar, resolver problemas y ayudar en la toma de decisiones. También puede ayudar a las autoridades en la redacción de normativas que permitan el desarrollo adecuado del *coliving*.

SIGFRIDO HERRÁEZ RODRÍGUEZ
Arquitecto
Decano del Colegio Oficial de Arquitectos de Madrid

ENRIQUE MANZANO MARTÍNEZ
Doctor Arquitecto
Vocal de Junta de Gobierno del Colegio Oficial de Arquitectos de Madrid

INTRODUCCIÓN

«Espero que el viaje sea largo,
lleno de aventuras, lleno de conocimiento».
Poema *Ítaca* de KAVAFIS

UN VIAJE HACIA EL *COLIVING*: MI VIAJE

Al adentrarnos en las páginas de esta *Guía*, nos aventuramos en una travesía de viaje moderna hacia un concepto de vida que está redefiniendo la noción convencional de hogar: el *coliving*. Este libro es mucho más que un análisis técnico; es una exploración íntima de los motivos sociales, económicos y culturales que están dando forma a esta revolución habitacional.

En un mundo donde el teletrabajo se ha convertido en la norma y la soledad es una epidemia moderna, el *coliving* se alza como un faro de esperanza. Es la respuesta a la necesidad humana innata de conexión, comunidad y flexibilidad. A medida que nos sumergimos en las páginas de este libro, descubrimos los servicios que se ofrecen en estos espacios, así como las razones por las cuales cada vez más personas optan por esta forma de vida.

Las personas que eligen habitar en espacios de *coliving* son una muestra diversa y dinámica de la sociedad moderna. Son individuos que valoran la comunidad, la colaboración y el intercambio cultural. Desde jóvenes profesionales en busca de oportunidades de *networking* hasta nómadas digitales que buscan flexibilidad y conexión, el *coliving* atrae a aquellos que desean más que un simple techo sobre sus cabezas: anhelan un sentido de pertenencia y apoyo mutuo. Contribuir a la creación y mantenimiento de estos espacios es crucial, ya que no solo satisfacen una necesidad básica de vivienda, sino que también fomentan el crecimiento personal, profesional y social de quienes los habitan. Proporcionar estos entornos no solo es una inversión en la calidad de vida de las personas, sino también en la construcción de comunidades más fuertes y resilientes en un mundo cada vez más interconectado.

Queremos expresar nuestro sincero agradecimiento a todos aquellos que han contribuido a la creación de este libro. Son visionarios, innovadores y generosos, dispuestos a compartir su sabiduría para allanar el camino hacia un futuro más conectado y humano. Sin su dedicación y visión, este proyecto no habría sido posible.

En última instancia, este libro es una llamada a la acción. Nos insta a abrazar la vocación de servicio y el compromiso con la sociedad que impulsa a quienes adoptan el *coliving*. Espero que estas páginas inspiren y motiven a todos aquellos que buscan liderar el cambio en un mundo en constante evolución.

Bienvenidos a un nuevo horizonte en el concepto de hogar, bienvenidos al mundo del *coliving*.

ARACELI MARTÍN-NAVARRO
Socia fundadora y Presidenta
Asociación de espacios inmobiliarios compartidos COWORD

SANDRA DAZA SILVA
Directora General de GESVALT
Socia Vocal Advisory COWORD

CAPÍTULO I

¿QUÉ ES EL COLIVING? CONTEXTO DEMOGRÁFICO Y MOVIMIENTOS SOCIOECONÓMICOS QUE LO EXPLICAN

Araceli Martín-Navarro
Socia Fundadora y Presidenta de COWORD

INTRODUCCIÓN

A medida que las grandes ciudades como Los Ángeles, Shangai, Londres, Berlín, Madrid, avanzan hacia la densidad, los profesionales del Real Estate nos estamos enfrentado al desafío de encontrar formas asequibles de albergar a la creciente población. La convivencia se ha movido rápidamente a la parte superior de esa lista. El modelo puede soportar más necesidades de estilo de vida y estructuras familiares que las típicas multifamiliares y a un coste menor. El concepto de coliving se desarrolla en respuesta a las necesidades del mercado, usuarios e inversores, que ven en estos nuevos conceptos de residir alcanzables con una alta densidad, y mayor rentabilidad. La necesidad de más viviendas en áreas urbanas y en zonas costeras es clara, pero gran parte del enfoque del desarrollo reciente se ha centrado en viviendas asequibles residenciales de alto nivel o con crédito fiscal y rentabilidad para los inversores.

La necesidad de viviendas a precio o alquiler de mercado que aborden los desafíos de la asequibilidad se plantea como un gran reto a resolver. El compromiso de diseñar una solución de alta calidad que aborde tanto la experiencia individual como los aspectos comunitarios de proporcionar una vivienda asequible, con todo el confort y bienestar. Un híbrido entre compartir y vida privada, y uno de los primeros conceptos de coliving.

Utilizar el diseño para resolver los desafíos de la vivienda actual, como el espacio y la asequibilidad, al tiempo que se adapta a las necesidades de la vida moderna. Los planes de unidad de coliving logran un equilibrio entre el espacio compartido y el espacio privado.

El mundo está experimentando una importante transformación demográfica: jóvenes millennials, así como el envejecimiento sin precedentes de la población de casi todos los países desarrollados y en desarrollo. Estos desafíos demográficos se discuten como un problema grave para los sistemas de apoyo social. Son vistos de manera bastante negativa, lo que implica una explosión de costes, que es una forma de discutir este tema. La mejor forma de hacerlo es debatir las oportunidades que ofrecen las sociedades, por ejemplo, nuevos mercados para aplicaciones y productos/servicios innovadores para las personas.

Teniendo en cuenta estas oportunidades, el coliving tiene como objetivo desarrollar una virtual comunidad de vida social colaborativa con capacidad de atraer a un amplio grupo demográfico de residentes, millennials, profesionales, familiares, seniors, que mejora aún más la comunidad, el intercambio de recursos y la red de apoyo. El objetivo central de los proyectos de coliving es estimular y prolongar una vida independiente y activa en un entorno exterior a través de un avance en la interacción social de las personas contribuyendo así positivamente a su bienestar.

1. COLIVING. VIVIENDA COMPARTIDA

El coliving en la era moderna se ha definido como desarrollos inmobiliarios gestionados y construidos expresamente que incluyen una combinación de espacios (privativos y comunes) con servicios personales y compartidos, en el que los que los habitan comparten afinidades, creando comunidad.

Son los aspectos operativos del coliving lo que lo hace único de otros tipos de alojamiento. Aunque no es totalmente homogéneo en los diferentes países y ciudades, la mayoría de las instalaciones de **Coliving** hoy parecen ser una transmutación de varios tipos de inmuebles más establecidos, combinando atributos de cada uno de ellos.

Las características comunes incluyen:

- Flexibilidad en el plazo de la estancia.
- Programación de actividades, con énfasis en crear un sentido de comunidad.
- Facturación todo incluido y conjunto de espacios completamente amueblado.
- Servicios.

— Un espacio privativo más otros habitables compartidos (cocina, salón TV, juegos, gym).

2. ENTORNO

Los aspectos positivos del coliving contribuyen al concepto de vivienda asequible por diseño. Las unidades residenciales se orientan internamente hacia los espacios comunes, enfatizando la idea de comunidad y logrando un equilibrio entre el espacio compartido y el espacio privado, en las unidades residenciales y en el edificio en su conjunto, ayudando a fomentar una cultura de compartir que podría reducir los costes de vida. y proporcionar una comunidad de apoyo.

3. DEMANDA

Al parecer, ningún sector inmobiliario es inmune a las influencias del aumento de los **Millennials y Generación Z**, del aumento de la esperanza de vida en el mundo. El comercio minorista se ha visto trastornado por la disrupción causada por el comercio electrónico, impulsada por la aptitud de estas generaciones y su proclividad hacia la tecnología.

Las redes logísticas se han movido más cerca de ellos, lo que agiliza la entrega. La demanda de oficina tradicional ha sido interrumpida por la aceleración del *coworking*, ya que más empresas adoptan una mayor flexibilidad de ubicación para atraer a los trabajadores más jóvenes.

Sin embargo, la vivienda en sus formas tradicionales no se ha visto afectada en gran medida. Si bien las comodidades han evolucionado, los principales fundamentos no lo han hecho. Se han mantenido los términos de arrendamiento inflexibles y las tarifas por terminación anticipada, mientras que las rentas, particularmente para productos de calidad institucional, han aumentado a niveles inasequibles para muchos inquilinos jóvenes.

— **Demanda jóvenes generaciones**: El coliving es una **respuesta al deseo de las generaciones más jóvenes de tener flexibilidad en las ciudades y vida premium más asequible**; es una respuesta a una creciente fuerza de trabajo global: una que exhibe un alto grado de movilidad, pero también uno que se siente cada vez más aislado y anhela la comunidad. La clase de activos todavía nacientes está relativamente fragmentada a nivel mundial, pero el caso de su crecimiento es fuerte en muchos de los lugares más caros del mundo.

— **Demanda, siguiendo el flujo de causa y efecto**: El ritmo de desarrollos en este ciclo económico es ahora un bien documentado, **es un fenómeno global**. La población urbana del mundo a mediados de 2015 se estimó en casi 4.000 millones (49% de la población mundial), 766 millones más que en la década anterior. Para 2030, se prevé que el 60% de la población mundial viva en ciudades. Un aumento de 1.200 millones de personas en tan solo quince años. Este resurgimiento de la ciudad ha ejercido una presión sin precedentes sobre la vivienda. **Una mayor competencia por una oferta limitada de viviendas urbanas ha llevado a precios más altos, lo que ha hecho que las opciones tradicionales sean inaccesibles para muchas cohortes, en particular para los ocupantes más jóvenes.** Esto afecta tanto al stock en venta como al alquiler, creando lo que ha sido ampliamente aceptado como una crisis de asequibilidad.

— **Demanda Sénior**: Es ampliamente aceptado que las personas mayores tienen una combinación de necesidades sociales y sanitarias a las que las nuevas soluciones alternativas de compartir espacios como el coliving podrían proporcionar una respuesta integrada.

Una moderada proyección de envejecimiento en la UE para el período comprendido entre los años 2004 y 2050 muestra que la población de 65 años o más aumentará en 58 millones o un 77% y que, al mismo tiempo, la población en edad de trabajar disminuirá en 48 millones o un 16%. En la UE, esto podría significar que la proporción de personas en edad laboral sería de dos por cada ciudadano mayor, en lugar de cuatro trabajadores en la actualidad.

4. NATURALEZA CAMBIANTE DEL TRABAJO. RETENCIÓN DE TALENTO

La naturaleza cambiante del trabajo potencia aún más las presiones sobre la vivienda urbana. La era del trabajo de la lealtad (por la cual las organizaciones satisfacen las necesidades básicas de los empleados a través de salarios, beneficios y seguridad laboral, a cambio de un compromiso de por vida) **ha dado paso a un nuevo modelo basado en el compromiso. Para atraer y retener a los mejores talentos, las organizaciones han tenido que repensar cómo, cuándo y dónde trabajan los empleados para brindar la flexibilidad que desean.** Según una encuesta reciente, la mayoría de las empresas ya han adoptado alguna forma de trabajo flexible, como el teletrabajo.

Lo más probable es que muchos de los mismos empleados que deseen lugares de trabajo variados sean grupos de edad más jóvenes, **ya que no**

están atados por hipotecas y familias. Para el año 2020 se esperaba que los Millennials (generalmente definidos como aquellos nacidos entre 1982 y 1996) representaran más de un tercio de la fuerza laboral global. A medida que los *Baby Boomers* se jubilen en mayor número, los Millennials tomarán su lugar, ejerciendo aún más su influencia en el lugar de trabajo. **Los millennials han mostrado una fuerte preferencia por trabajar en el extranjero, y el 71% está interesado en hacerlo en algún momento de sus carreras.**

Muchas de las empresas multinacionales están comenzando a crear oportunidades para que los empleados participen en asignaciones internacionales para períodos más cortos para satisfacer esta necesidad: la convivencia permite que estos empleados obtengan una vivienda institucional en las ciudades en las que desean o necesitan estar, sin compromisos prohibitivos a largo plazo.

— **Entorno político**: Con la Estrategia Europa 2020, la Comisión Europea tenía la intención de contribuir a una economía más inteligente, sostenible e inclusiva que ofreciera altos niveles de empleo, productividad y cohesión social. Esta estrategia tenía en cuenta los cambios que se producen en Europa en todos los ámbitos, la creciente globalización y competitividad de los mercados, los cambios demográficos, los desafíos económicos, entre otros. Por tanto, para el equipo del Proyecto Coliving, es relevante entender el entorno político en relación con los sectores de las TIC y población joven, la salud y el envejecimiento, ya que influyen sobre la explotabilidad de los resultados del proyecto.
  Desde hace algunos años, se están llevando a cabo varias políticas para la aplicación exitosa en las áreas de Economía Digital y de Salud y Envejecimiento Activo.

— **Entorno económico, tecnológico y social**: Los avances tecnológicos que han facilitado una mayor flexibilidad laboral también han contribuido a un aumento de las formas de consumo de colaboración digital que están alterando las industrias tradicionales. **Denominada «la economía colaborativa»**, la aparición de plataformas en línea que promueven el acceso sobre la propiedad ha surgido con creciente regularidad en los últimos años. Este cambio ha sido particularmente prevalente en las ciudades, impulsada por necesidad, coste y conciencia, y ha penetrado virtualmente en todas las esferas del consumo urbano: la propiedad de automóviles ha sido reemplazada por **Uber y Zipcar, el primero de los cuales, valorado en US $ 76.000 millones, excede la capitalización de mercado de empresas de transporte más consolidadas como Delta y American Airlines; ThredUp y Rent The Runway han suplantado**

la propiedad de la ropa; Spotify y Netflix brindan contenido a pedido; LendingClub y WeSura brindan acceso compartido a *crowdfunding* y seguros.

El crecimiento exponencial de estos modelos de negocio y su adopción por parte de los jóvenes urbanos sugiere que existe un alto grado de comodidad al compartir productos y servicios. Esta aceptación ha llevado a esta misma audiencia a considerar la vivienda de la misma manera; es decir, como un producto más para compartir.

Un impulso a la asequibilidad, una **mayor urbanización y una fuerza laboral cada vez más móvil y menos dispuesta a poseer**, pueden ser suficientes para explicar la necesidad de más opciones de vivienda urbana. Pero **un tercer componente, la asequibilidad, es un ingrediente clave en la receta de la demanda de convivencia.**

Sin embargo, los millennials son la excepción a esta tendencia. **La crisis sanitaria y financiera mundial y el posterior desempleo están dejando que muchos Millennials no puedan obtener un empleo de tiempo completo después de graduarse, un efecto seguido de su truncando potencial de ingresos.** Los hogares de la Generación del Milenio en el mundo desarrollado ganan aproximadamente un 4% menos que los de la Generación X a la misma edad, lo que ha tenido un efecto profundo en los patrones únicos de matrimonio, parto y compra del grupo.

Los alquileres en las ubicaciones urbanas más deseables están mucho más allá de lo que es asequible para muchos, independientemente de la edad. El punto de referencia de larga data para la asequibilidad del alquiler ha sido el 30% del pago después de impuestos; sin embargo, muchos pagan mucho más por un apartamento de precio medio. Para el producto institucional, la carga del alquiler es aún mayor.

El Coliving ofrece a muchos posibles inquilinos una forma de acceder al ***marketplace*** al mismo tiempo que ahorra dinero en conjunto. Si tomamos, por ejemplo, un estudio tradicional en comparación con una habitación en una instalación de Coliving. Si bien, según el alquiler por metro cuadrado privado, los espacios de Coliving son más costosos que las unidades tradicionales, **el potencial de ahorro aumenta a través de una mayor eficiencia en el espacio y el servicio.** Las ofertas residenciales de la mayoría de los mercados occidentales desarrollados se componen de viviendas muy antiguas en stock **Estos edificios más antiguos suelen tener menos eficiencia energética, lo que a su vez puede elevar los costes mensuales de servicios públicos para los inquilinos. Las mejoras en la eficiencia que ofrecen los apartamentos modernos pueden ofrecer ahorros cuantificables en lo que respecta a un uso más amplio de los servicios públicos.**

Por un pago, un inquilino obtiene acceso a un espacio completamente amueblado que incluye entrada a un gimnasio y espacios

comunes, plataformas programáticas bien desarrolladas, limpieza programada regularmente y servicios públicos con todo incluido por un 20% menos que la alternativa de estudio comparable, y mucho menos el tiempo ahorrado antes de la mudanza. Dicho de otra manera, un inquilino con un ingreso promedio en Londres de 37.000 libras esterlinas **tendría una relación total entre alquiler e ingreso de un 43,8% en un estudio tradicional; esta relación mejora considerablemente con el valor propuesta de una instalación de Coliving, disminuyendo a un 33,7% de ingresos anuales.**

5. ENTORNO SOCIAL. COMUNIDAD

Un punto en común entre los operadores de **Coliving a nivel mundial es un fuerte enfoque en la construcción de comunidades.** Parte de la propuesta de valor es el acceso a espacios compartidos y experiencias con otras personas que comparten valores similares. A medida que la población europea envejece, la necesidad de nuevas tecnologías para ayudar a las personas mayores a vivir, activa, participativa y más longeva está aumentando. En el ámbito de la salud, se mejoraron los nuevos servicios de telemedicina como las consultas médicas *online*, atención de emergencia y dispositivos portátiles que permiten controlar el estado de salud de las personas desde sus casas. Si bien puede parecer que esta noción de «conocer a tu vecino» es simplemente un nuevo aditivo para el *marketing* multifamiliar tradicional, parece haber **un cambio psicológico que sugiere que el Coliving puede ser una solución a los desafíos sociales.** Según una investigación realizada en EE.UU., **la soledad se ha generalizado cada vez más en los adultos jóvenes, lo que se correlaciona positivamente con un mayor uso de las redes sociales.**

Esto corrobora los resultados de la **encuesta One Shared House 2030 de Space10** (el laboratorio de vida futura de IKEA), que sugiere que la razón principal de las personas que están interesadas en el Coliving es porque quieren ser sociales y conectarse con las personas de una manera significativa. «Más solos que nunca», quizá sea la respuesta que podemos esperar de un mundo cada vez más interconectado en el que las personas declaran sentirse más solas que nunca. Tanto es así que, en el año 2018, Reino Unido creó el **Ministerio de la Soledad, cuyo objetivo es paliar los desastrosos efectos de esta «epidemia» en el país**: quienes sufren de ella pueden ver reducida su esperanza de vida tanto como si consumieran 15 cigarrillos al día, según un estudio de la Universidad Brigham Young (BYU), Utah (EE.UU.).

CAPÍTULO II

MODELOS DE FLEX LIVING EN EL MERCADO INMOBILIARIO ESPAÑOL: UNA VISIÓN DE CONJUNTO *VS.* MODELOS INTERNACIONALES

Lourdes Pérez
Dir. Value and Risck Advisory-Healthcare & Flex Living at JLL

El Flex Living ha nacido como consecuencia de una evolución social. La globalización y el auge de las grandes urbes están actuando como palanca, resultando en un nuevo paradigma de vida, que se traslada en nuevos patrones de comportamiento al mundo Living.

Destacamos que, en el año 2023 un 25% de la población se mudó de residencia, que hay un aumento y concentración de las personas entre 25 y 55 años en las ciudades, que un 40% de la demanda está insatisfecha y no vive donde le gustaría y que no dejan de incrementar los hogares de una persona, además, del constante flujo de personas que pasan por los principales núcleos urbanos, bien sea por trabajo, por ocio o turismo, donde España se sitúa como el tercer país en recepción de turistas internacionales, un 50% de los visitantes son extranjeros, mientras que en el tráfico por causas laborales representa un 12%.

Paralelamente, el mercado residencial tradicional está cada día más tensionado y el acceso a la vivienda más complicado y, surge el Flex Living como producto inmobiliario dando respuesta a las nuevas necesidades del siglo XXI a través de los variopintos activos inmobiliarios y ayudando a descongestionar el mercado tradicional de la vivienda.

En términos de crecimiento y de inversión, la curva del Flex Living ha sido exponencial desde el año 2020 y se estima que su comportamiento continúe alcista en los próximos años. Los diferentes *asset classes* que se sitúan bajo el paraguas del Flex se están leyendo como activos defensivos, valor refugio donde la profesionalización ha llegado dando seguridad a la inversión, optimizando los ingresos y garantizando unos flujos de caja estables y recurrentes, todo lo cual, contribuye a un reposicionamiento de los activos. Uno de los grandes éxitos del Flex Living será que no tiene sesgo generacional o de *target* objetivo, se enfoca a todos los rangos de edad y casuísticas sociales, la clave estará en un enfoque operativo adecuado a las necesidades de cada comunidad de usuarios.

¿Dónde estamos y hacia dónde vamos? Actualmente estamos en un momento nicho donde hay sitio para todos los modelos y formatos (coliving, micro-living, *cohousing, serviced apartments, senior living*, etc.). En toda Europa el Flex Living es un segmento emergente y en desarrollo activo, donde el *pipeline* en marcha suma casi un 75% del total del Flex, situándose un 10% en territorio español, porcentaje muy significativo.

Del lado de los actores, hay diversidad de perfiles tanto en los operadores como en los inversores. Detrás de los activos granulares se encuentran pequeños inversores, mientras que para edificios independientes ya tenemos *family offices* o fondos más profesionalizados y los perfiles institucionales aparecen en la sombra de los grandes complejos.

Como variable transversal en todos los formatos y tamaños, es una máxima la gestión profesionalizada, la importancia del operador como eje vertebral de las operaciones, ya que son activos en donde se comparte el riesgo operativo entre el inversor y operador (PROPCO relacionada con la OPCO), el generar un sentimiento de comunidad, una operativa bajo el modelo «todo incluido» y contratos flexibles, entre otras. Hablamos de un activo inmobiliario flexible que cubre un amplio espectro de tipología de activos para enfocarse a diferentes públicos, que van desde estudiantes o jóvenes profesionales hasta los +65 y en sus diferentes rangos económicos, *luxury, mid market* o *budget*, para recoger todo tipo de estancias, corta, media o larga y que aprovecha las diferentes localizaciones.

En cuanto a categorías de proyectos, podríamos, a grandes rasgos, podemos definir:

1. **Modelo granular**, generan comunidad a través de una red de activos situados en ubicaciones urbanas y muy céntricas, para entre 3 y 15 usuarios y menos de 2.500 m². La economía de escala y sentimiento de comunidad se alcanza gracias a una red de activos interconectados. El usuario final suele ser joven y lo ideal es formar unidades de convivencias homólogas.
2. **Edificios completos de escala intermedia**, para 15-100 *colivers*. Se trata de edificios completos que ofrecen estudios o clústeres compartidos y dispondrán de instalaciones comunes como principal elemento diferenciador frente al mercado residencial (gimnasios, salones, cocina, *coworking*, etc.).

3. **Grandes complejos bajo uso terciario**, los **micro-living**, que generan un destino en sí mismos. Son máquinas **residenciales** completamente autónomas en sí mismas que satisfacen las necesidades de sus usuarios 24/7. Será un aspecto clave un correcto mestizaje de unidades residenciales y donde su ventaja competitiva será el diseño, las calidades, las zonas comunes y los servicios asociados. La gestión activa será la garantía del éxito, por lo que el nivel, calidad crediticia (*rating*) y *know-how* del operador serán un factor decisivo.

CAPÍTULO III

EL COLIVING: INTRODUCCIÓN DESDE UNA PERSPECTIVA JURÍDICA

Antonio Ñudi
Socio ANDERSEN y Socio Fundador COWORD

1. CONCEPTO

Cuando hablamos de Coliving no existe en la doctrina o en la jurisprudencia, en las Administraciones Públicas, ni siquiera en el sector inmobiliario, unanimidad en cuanto a una definición que permita abordar, sin fisuras, esta figura desde el punto de vista jurídico.

Por ello, para poder encuadrarla debemos acudir a elementos que, de una manera generalizada, se dan en la mayoría de los casos.

Y en ese ejercicio de encuadre, podemos afirmar sin riesgo a equivocarnos que el Coliving es:

1. Una modalidad de alojamiento temporal que consistente en disponer varias unidades privativas e independientes integradas generalmente por dormitorio y baño, que no tienen que cumplir con el programa mínimo de vivienda y que se combinan con espacios compartidos en el resto de las estancias del edificio, dedicados a la elaboración y consumo de alimentos (cocina) y servicios esenciales (lavandería), a los que se suelen añadir otros espacios de descanso, ocio y trabajo (televisión y cine, gimnasio, *coworking*, salas de juego…), ubicados todos ellos en el mismo edificio o entorno edificatorio.
2. El usuario busca en estos espacios algo más que un alojamiento, por lo que tiene un importante componente aspiracional. La creación

de una comunidad de intereses afines debe marcarse como uno de los objetivos prioritarios para garantizar el éxito del espacio y su ocupación.

3. Se oferta en régimen de alquiler, incluyendo un elenco de servicios accesorios bajo demanda del usuario y mediante la gestión de una operadora o terceros especialistas en la explotación de estos espacios y de los servicios accesorios ofertados. El usuario valora mucho la flexibilidad en cuanto al tiempo de estancia.
4. La relación existente entre el espacio y el usuario es fundamental, por lo que su configuración y el diseño arquitectónico cobran una especial relevancia. La eficiencia energética, la tecnología o la existencia de lugares para trabajar, son aspectos muy demandados en esta comunidad donde unas normas de régimen interno claras y exigentes deben existir para asegurar la convivencia.
5. La ubicación, el acceso a transportes públicos y resto de servicios de la ciudad determinarán, asimismo, la calidad del complejo y con ello la categoría y precios, de manera similar al mundo hotelero.

Como vemos, se trata de una modalidad de alojamiento que se ubica entre el espectro hotelero y el residencial, pero, a la vez, es diferente a ambos.

Si desde un ámbito conceptual hemos podido ya encuadrar la figura, desde un punto de vista legal el Coliving deberá cumplir los siguientes requisitos:

1. **Modalidad de alojamiento temporal**.
2. Ofertada en régimen de **alquiler y gestionadas** por empresario en alta en régimen de actividades propias del servicio ofertado, que establecerá unas normas de régimen interno de obligado cumplimiento.
3. **Las unidades alojativas no son viviendas** y están compuestas por unidades privativas e independientes integradas generalmente por dormitorio y baño, que comparten espacios comunes en el resto de las estancias del edificio dedicadas al descanso, elaboración y consumo de alimentos (cocina) y servicios esenciales (lavandería) a los que se pueden añadir otros de ocio y trabajo (gimnasio, *coworking*, salas de juego, cine y televisión…), ubicados todos ellos en el mismo edificio o entorno edificatorio.
4. **La cantidad y calidad de espacios comunes deberá ser suficiente para el destino de los usuarios** y vendrá determinada por la normativa urbanística de cada Comunidad Autónoma, de cada municipio y, en defecto de estas, por el Código Técnico de la Edificación u otras normas de régimen general en la materia.

Serán las **normas urbanísticas** las que deberán establecer las superficies mínimas de los espacios y los usos imprescindibles que, con carácter general y también de mínimos, debe ponerse a disposición de los usuarios.

2. FIGURAS AFINES O TIPOLOGÍAS DE COLIVING

Para poder entender mejor la figura del Coliving, resulta necesario estudiar figuras que ya tienen una tradicional implantación en nuestro ordenamiento, pero que conservan ciertas similitudes. Son zonas, a veces, grises entre una y otras, pero que, como veremos, permiten vislumbrar su idiosincrasia.

Hoteles-apartamentos o apartahoteles

Es bastante común que la normativa urbanística municipal, cuando se refiere al uso terciario en su modalidad de hospedaje, se remita a las normas sectoriales que las propias Comunidades Autónomas han dictado en el ejercicio de su competencia, para definir las clases y categorías de establecimientos. Los **aspectos clave** de esta regulación pueden resumirse en los siguientes:

- **Son establecimientos públicos**: los establecimientos hoteleros tienen la consideración de públicos, sin que el libre acceso a los mismos pueda ser restringido por razones de raza, sexo, orientación sexual, identidad de género, expresión de género o características sexuales, religión, opinión, discapacidad o cualquier otra circunstancia personal o social que suponga discriminación.
- **Unidad de explotación**: la actividad deberá ejercerse bajo el principio de unidad de explotación, entendiéndose por tal el sometimiento de la actividad turística de alojamiento a una única titularidad empresarial ejercida en cada establecimiento o conjunto unitario de construcciones, edificio o parte homogénea del mismo.
- **Clasificación y registro**: la presentación de la solicitud de licencia o declaración responsable producirá la clasificación y, en su caso, categorización y registro del establecimiento, sin perjuicio de las pertinentes actuaciones de inspección y control posterior.
- **Precios**: los establecimientos hoteleros fijarán los precios totales de los servicios de alojamiento y de comedor, así como del resto de servicios complementarios que se ofrezcan, debiendo darles la máxima publicidad y exponerlos al público en lugar destacado y de fácil localización y lectura en la recepción, pudiendo para ello utilizar cualquiera de los diferentes tipos de soportes

publicitarios, incluidos los digitales. En cada habitación deberá existir una lista actualizada de los precios totales. La información de los precios totales deberá incluir toda carga, impuesto o gravamen que les afecten, así como los descuentos que le sean aplicados, en su caso.

- **Servicios comunes complementarios**: en el precio de la unidad de alojamiento se consideran incluidos los servicios complementarios que establezca cada legislación (*i.e.* agua, energía, calefacción, Wi-Fi...).
- **Duración de la estancia**: la duración de la estancia será la que libremente se acuerde entre las partes en el momento de la contratación, sin que pueda ser destinada a residencia permanente.
- **Pago del precio**: el pago del precio se realizará en el lugar y tiempo convenido con el alojamiento, previa presentación de la factura y sin que una eventual reclamación exima del pago. En caso de falta de acuerdo, se entenderá que el pago debe efectuarse en el establecimiento en el momento de cobro de la factura. En cuanto a los medios de pago, el precio se podrá abonar en efectivo, con tarjeta de crédito o débito o por cualquier otro medio admitido por el establecimiento.
- **Composición**: normalmente, aunque cada legislación sectorial puede tener alguna diferencia, cada apartamento estará compuesto por las siguientes piezas:

  - Salón-comedor, en el que podrán instalarse dos camas convertibles.
  - Cocina, dotada de frigorífico e instalaciones correspondientes.
  - Uno o varios dormitorios.
  - Cuarto de baño.

Dentro de este concepto, se consideran incluidos, igualmente, los estudios o alojamientos constituidos por una sola pieza común para salón-comedor, dormitorio, con cuarto de baño independiente y cocina.

Atendiendo a su categoría y tipo de habitación las superficies de las estancias pueden variar, siendo exigible, normalmente, que todas tengan cuartos de baño.

Residencias de estudiantes

El auge de la actividad educativa tanto universitaria como posuniversitaria ha convertido a nuestro país en un destino de estudiantes. Tenemos una gran tradición jurídica de Colegios Mayores o Residencias Universitarias, si bien es verdad que más enfocado inicialmente al ámbito de la universidad, desde las primeras que se crearon en Salamanca o Valladolid ya en el siglo XIII.

El concepto de residencia de estudiantes, por tanto, se extiende a cualquier alojamiento compartido cuyo nexo de unión entre la comunidad que allí se forma es que los residentes están dentro de un programa formativo, del tipo que sea.

Se podrían establecer tres categorías, a nivel legal:

- *Colegio Mayor.*—El modelo Colegio Mayor está considerado por la propia Ley de Universidades como centro universitario, ya que los servicios que allí se ofrece van más allá del mero alojamiento y tienen un añadido formativo estrechamente ligado a la universidad. Participan en la formación y convivencia educativa y se regula por los **propios estatutos de la Universidad**.
- *Residencia Universitaria.*—También suele estar reguladas en los estatutos de la universidad. Normalmente la relación jurídica entre el Centro Universitario y la Residencia se basa en un **convenio de colaboración**.

Estos dos modelos están recogidos en la propia Ley de Universidades y se pueden considerar Centros Universitarios.

- *Residencia de Estudiantes.*—Un modelo más amplio que solo exige que la comunidad tenga el vínculo de que los residentes son estudiantes. Por tanto, es un alojamiento temporal, pero **no es un modelo hotelero, ni tampoco un alquiler de habitación**.

La propia legislación sectorial hotelera lo excluye expresamente, como ocurre por ejemplo en la regulación hotelera de Madrid. Usos en los que se puede implantar:

— Uso residencial comunitario, cuando exista vinculación a un Centro Universitario, o no exista este tipo de vinculación directa con ninguna Universidad, pero se acredite que a los usuarios de las mismas les une el vínculo común de ser estudiantes, dotando a la residencia el carácter de alojamiento estable de un colectivo.

— Uso dotacional/equipamiento (dotacional educativo), cuando la residencia esté integrada o tenga algún tipo de vinculación con un Centro Universitario Público o Privado.

3. COMPETENCIAS REGULATORIAS Y NORMATIVA EXISTENTE. EL CASO DE MADRID

No cabe duda de que la realidad social se impone a la norma, se adelanta a ella, normalmente, y obliga a nuestros legisladores a realizar un ejercicio regulatorio que se adapte y dote de seguridad jurídica a nuestras relaciones.

Sin embargo, la norma no es la única fuente del Derecho ya que la costumbre y los principios generales del Derecho, aparte de elementos inspiradores de la norma, son en sí mismos parte de nuestro ordenamiento jurídico, que se ve, además, complementado por la jurisprudencia y doctrina que surge de la interpretación de dichas fuentes por nuestros tribunales.

La Constitución Española establece que el Estado se organiza territorialmente en municipios, en provincias y en las Comunidades Autónomas, gozando cada uno de estos entes territoriales de autonomía para la gestión de sus respectivos intereses.

En su artículo 149 establece las competencias que las Comunidades Autónomas pueden asumir. Son los Estatutos de Autonomía la norma institucional básica que reconoce la competencia asumida por cada una de ellas dentro del marco establecido en la Constitución.

En este sentido, el citado artículo 149 de nuestra Carta Magna establece que las Comunidades Autónomas podrán asumir la competencia en exclusiva de ordenación del territorio, urbanismo y vivienda o, también, en materia de promoción y ordenación del turismo en su ámbito territorial.

Por otro lado, los Ayuntamientos, como órganos de gobierno de los municipios, en virtud de lo establecido en la Ley 7/1985, de 2 de abril, Reguladora de las Bases del Régimen Local (art. 25.2) mediante la aprobación de sus ordenanzas, sus planes y normas urbanísticas desarrollan su competencia para la concepción de las ciudades y su diseño. Y lo hacen conforme a las políticas que cada gobernante considera oportunas. Es la facultad discrecional de planeamiento, y se basan para ello, entre otras medidas, en el establecimiento de un régimen de usos y de su intensidad en el territorio. En una sociedad donde los cambios se producen cada vez más rápidos en cuanto a la movilidad, formas de vida, de adquirir productos y de trabajar, por ejemplo, el peligro puede estar en crear un régimen de usos basado en una estructura muy rígida que impida o encorsete esos cambios.

El Ayuntamiento de Madrid, con el objetivo de adaptar el Plan General de Ordenación Urbana de Madrid de 1997 a los cambios normativos, sociales y económicos, apostando por valores como la sostenibilidad ambiental, la regeneración urbana, la accesibilidad y la calidad de las viviendas, ha llevado a cabo una modificación de sus normas urbanísticas aprobadas definitivamente por el Acuerdo del Consejo de Gobierno de la Comunidad de Madrid de fecha 8 de noviembre de 2023, en la que por primera vez se regula el Coliving y el Cohousing.

Efectivamente, una de las novedades más relevantes es la regulación de los modelos residenciales emergentes que se plantean en la actualidad como nuevas formas de alojamiento, tales como el Coliving (modalidad habitacional consistente en disponer unidades de alojamiento independientes integradas por dormitorio y baño, que comparten entre sí el resto de los espacios de estancia, cocina y lavandería, que pueden complementarse con otros servicios adicionales de ocio dentro del interior del complejo y que no necesariamente implica vínculo entre los usuarios) y el Cohousing (variante de la vivienda colectiva tradicional en la que predomina una mayor superficie de zonas comunitarias para la convivencia vecinal sobre las zonas privativas de cada vivienda).

Para dar cabida al Coliving se ha modificado la clase de residencia comunitaria por clase de residencia, dividiéndose en dos categorías, la «residencia comunitaria», coincidente con la concepción actual en la que se subsumen, por ejemplo, las residencias de estudiantes; y la «residencia compartida» en la que se integra la modalidad de Coliving y que, a diferencia de la modalidad de residencia comunitaria, no se exige que existan vínculos religiosos, sociales o similares entre los inquilinos.

Estas residencias compartidas únicamente podrán implantarse en situación de edificio exclusivo, evitando así la coexistencia con otras categorías residenciales y otros usos con los que podría entrar en cierta conflictividad como el residencial colectivo tradicional o, incluso, el terciario de hospedaje.

La nueva normativa establece la necesidad de que las unidades de alojamiento estén integradas por dormitorio y baño y, en ningún caso, podrán situarse en plantas inferiores a la baja ni tendrán su piso por debajo del terreno en contacto con ellas. En cuanto a las superficies mínimas de las unidades de alojamiento, se estable la superficie mínima de 15 m^2 por cada unidad de alojamiento privativa para uso individual y 10 m^2 mínimos por persona (cuando se comparte), frente a la superficie mínima de 40 m^2 que se prevé para las nuevas viviendas. Por lo que se refiere a los espacios comunes, se establece una superficie mínima de 25 m^2 para el conjunto de estancia comedor, cocina y zona de lavado y secado de ropa, así como cualesquiera otras zonas de ocio y trabajo, dimensión que se aumentará en 5 m^2 por cada unidad de alojamiento adicional.

De otro lado, en lo que respecta al Cohousing la modificación se articula a través de la categoría de vivienda colectiva, distinguiendo dos tipos: Tipo 1, en el que las viviendas completan su programa de forma independiente (modelo tradicional de vivienda colectivas); y Tipo 2, en el que las viviendas reducen su tamaño con respecto a la superficie mínima de vivienda y completan su programa mediante un espacio privativo y otro comunitario de estancia y reposo al servicio de los residentes del edificio, en el que se integra precisamente esta modalidad, permitiéndose reducir la superficie mínima de la vivienda de 40 a 30 m^2, siempre que tal minoración de superficie se destine a ampliar los espacios comunes del edificio. Al igual que en las residencias compartidas, las unidades de alojamiento no podrán situarse en plantas inferiores a la baja, si bien en este caso no se exige su implantación en situación de edificio exclusivo.

4. USOS EN LOS QUE SE VIENEN IMPLANTANDO LOS PROYECTOS DE COLIVING

En tanto en cuanto no exista una normativa específica que regule estas nuevas formas de alojamiento, de convivencia, los proyectos de Coliving se han venido implantando en diferentes usos:

- Uso residencial en edificios completos o partes de él, cuando la normativa urbanística lo prevea.
- Uso residencial, en viviendas, mediante el arrendamiento de habitación.
- Uso dotacional/equipamiento, para lo que deberá poder justificarse el servicio público.
- Uso terciario de hospedaje, preferentemente en su modalidad de apartahotel u hotel apartamento.

5. RELACIONES CONTRACTUALES

Coliving y arrendamiento de vivienda

Las dos diferencias principales que hay entre el arrendamiento de vivienda y el de Coliving están en el objeto, ya que no podemos considerar los espacios privativos alquilados en los proyectos de Coliving como viviendas pues no cumplen normalmente el programa mínimo de vivienda que establecen las normas de aplicación, ni tampoco el destino, en tanto en cuanto el destino no lo constituye la de satisfacer la necesidad de alojamiento con carácter de permanencia, sino más bien de un momento temporal concreto.

Por ello, entendemos que no deben ser aplicadas las normas de la Ley de Arrendamientos Urbanos vigente (en adelante, LAU) para uso de vivienda.

Coliving y arrendamiento de temporada

En el caso del arrendamiento de temporada, también regulado en la LAU, consideramos que sí puede asimilarse al Coliving en cuanto al destino, ya que la finalidad no es cubrir la necesidad permanente de vivienda del arrendatario, pero no se da el supuesto del objeto, ya que este arrendamiento sigue recayendo sobre una vivienda (entendida por los arts. 1 y 2 LAU por edificación habitable con todas sus características básicas: baño, cocina, etc.).

Coliving y contrato de habitación

El contrato de habitación no se encuentra regulado en la LAU, y en la relación entre arrendador y arrendatario impera la libertad de pactos al amparo de lo dispuesto en los artículos 1.542 a 1.582 del Código Civil.

Hemos de entender, por tanto, que la relación contractual de esta figura se asemeja a la que puede darse en un proyecto de Coliving, en tanto en cuanto su objeto y destino sí son coincidentes, y ello sin entrar en otras consideraciones que pueden establecer distancia entre ambos modelos como los servicios prestados, la generación de comunidad, la calidad de los espacios comunes, etc.

Coliving y contrato de hospedaje

El contrato de hospedaje es un contrato atípico y de naturaleza compleja, de tracto sucesivo en el que se combina el arrendamiento de cosas (espacio) y arrendamiento de servicios, que tiene una duración temporal.

Si bien es cierto que, en el apartado de los servicios ofertados junto al alojamiento, la temporalidad y la similitud del objeto —un espacio privativo junto con espacios comunes en el mismo edificio—, pueden indicarnos una casi identidad entre ambos modelos, dicha identidad no es completa ya que la finalidad de la estancia en esta modalidad viene determinada por una motivación fundamentalmente turística (incluida el turismo de negocios) o vacacional.

Contrato de Coliving

Como ya hemos tenido ocasión de señalar, la falta de regulación nos indica que debe ser la libertad de pactos la que impere en un contrato de Coliving, conforme a lo establecido en el artículo 1.255 del Código Civil.

Ahora bien, teniendo en cuenta la forma en que de manera más habitual se configura el modelo de negocio, tres son los posibles sujetos de relaciones jurídicas:

- El propietario o promotor, entendiendo por tal el dueño del inmueble.
- La empresa gestora de la actividad.
- El usuario final, arrendatario o *coliver*.

Las relaciones son a dos, normalmente entre el propietario y la empresa gestora, mediante diferentes modalidades que van desde el arrendamiento hasta figuras de *managment* u otras fórmulas mixtas y más sofisticadas.

Esta primera relación determinará si el usuario final tendrá nexo contractual con el propietario/promotor o con la empresa gestora, siendo esto último lo más habitual. En todo caso será una relación articulada sobre un contrato de arrendamiento o subarrendamiento de habitación o unidad de alojamiento y servicios, donde será necesario regular:

- Objeto del contrato.
- Duración y causas de finalización del contrato.
- Uso.
- Precio y servicios que incluye[1].
- Garantías.
- Normas de régimen interno.

6. JURISPRUDENCIA QUE ANALIZA LOS DIFERENTES CONTRATOS ASIMILABLES A LOS DE COLIVNG

Teniendo en cuenta la novedad de la figura de Coliving en nuestro ordenamiento jurídico, no encontramos de momento doctrina de nuestros tribunales sobre la misma y las relaciones contractuales que, en torno a ella, se desarrollan. Sin embargo, sí hay extensa jurisprudencia sobre las figuras asimilables.

---

[1] A efectos de determinar si el precio debe incluir el IVA, a tenor del tipo de servicios que eventualmente podrían ser ofrecidos por parte del propietario o gestor, resulta relevante traer a colación la consulta vinculante V2607-22, de 22 de diciembre de 2022. En ella, la Agencia Tributaria concluye, respecto a la explotación bajo la modalidad de «Coliving», que este tipo de arrendamiento puede también quedar sujeto y no exento de IVA en la medida en que, además de la correspondiente habitación o apartamento, se ofrezcan conjuntamente otros servicios adicionales que puedan ser asimilables a los de la industria hotelera.

STS 623/1995, de 20 de junio de 1995 (definición de contrato de hospedaje, sentencia fundamental como base).

«Que debe recordarse la naturaleza compleja del ***contrato de hospedaje como un contrato de tracto sucesivo en el que se combina arrendamiento de cosas (para la habitación o cuarto), arrendamiento de servicios (para los servicios personales), de obra (para comida) y depósito, para los efectos que introducen*** *[...]. El motivo no puede prosperar pues, partiendo de la base, no combatida en esta vía de recurso, y admitida por las partes y sentada por las resoluciones de instancia, de que nos encontramos con un contrato de hospedaje,* ***obvio es que este no ha de verse abocado a su perpetuación ilimitada en el tiempo****. Y si, pues, nos encontramos con un supuesto de cesación general de la actividad de hospedaje por parte de la demandada, parece lógico concluir que debe también finalizar el prestado a la demandada, siendo correcta la aplicación analógica que la Sala Sentenciadora se hace del* ***artículo 1.581*** *que, a falta de señalamiento de un plazo de duración del hospedaje, y habida cuenta de la naturaleza del mismo, cercana a la de los contratos de arrendamiento,* ***aplica la norma que el Código Civil destina a la regulación de los casos en los que en ellos no se hubiese fijado plazo alguno****. Razones todas ellas por las que procede la expresa desestimación de este motivo único.»*

SAP de Madrid n.º 679/2023, de 18 de diciembre de 2023.

«3. ***Se ha venido entendiendo que la nota diferenciadora entre el subarriendo parcial y el contrato de hospedaje*** *(SAP de Madrid, Sección 21, de fecha 30 de noviembre de 2004 (ROJ SAP M 15355/2004) se encuentra en que en el primero, el inquilino o arrendatario cede el uso y disfrute de alguna de las habitaciones de la vivienda alquilada, mientras* ***que en el hospedaje, además de ceder ese uso y disfrute, se presta al inquilino algún servicio más, como son los de limpieza y arreglo de la habitación, lavado y planchado de ropa, manutención total o solo desayuno****, etc. (SSTS de 8 de enero de 1960, 29 de octubre de 1962, 20 de junio de 1995, etc.).* ***Además, otras notas diferenciadoras son en el hospedaje que las personas a quienes se les cede ese uso son indiscriminadas y por tiempo también indeterminado, es decir, el público no suele estar seleccionado por ninguna cualidad específica y la relación con él es poco estable, justo el tiempo que la persona que acude a la pensión quiere, sin que esté obligado a permanecer un tiempo concreto.»***

SAP de Málaga n.º 477/2023, de 17 de julio de 2023.

«*Aunque nada invoca la apelante sobre el arrendamiento de inmuebles a que se refiere este artículo 22, consignamos que* ***el contrato de hospedaje*** *que respondería a la prestación asumida por [...]* ***no supone arrendamiento de bien inmueble alguno, puesto que, como es comúnmente reconocido, el contrato de hospedaje es un contrato bilateral y de naturaleza compleja que en parte contiene obligaciones derivadas del arrendamiento de obra y en parte del de servicios, e incluso depósito***.»

CAPÍTULO IV

ASPECTOS FISCALES DEL COLIVING

Borja De Gabriel
Socio ANDERSEN

1. INTRODUCCIÓN

El rápido crecimiento y la diversidad de modelos de coliving presentan complicaciones significativas para el sistema fiscal actual español, que no logra abordar adecuadamente las características únicas de este tipo de arrendamiento residencial y de servicios combinados.

Si bien desde el punto de vista urbanístico, deben de tenerse en consideración las diferentes tipologías de parcelas y los usos permitidos en cada una de ellas, la fiscalidad no parte de la diferenciación del tipo de suelo —residencial o terciario— o el tipo de contrato —arrendamiento de viviendas u hospedaje o similar—.

Todo lo contrario, la determinación de la aplicación de las exenciones del Impuesto sobre el Valor Añadido y la aplicabilidad del régimen fiscal de entidades dedicadas al arrendamiento de viviendas (EDAV) regulado en la Ley del Impuesto sobre Sociedades (LIS) son, entre otros, temas críticos que requieren una consideración cuidadosa para evitar encuadres fiscales erróneos y garantizar la competitividad del sector.

En el siguiente capitulo, dedicado a los aspectos fiscales y la estructura operativa del coliving, es crucial abordar tanto la base legal como los diferentes modelos operativos que caracterizan esta forma de vivienda. En el mismo se analizan cómo estos factores influyen en las obligaciones fiscales, especialmente en relación con el IVA e Impuesto sobre Sociedades (IS). Este análisis detallado proporcionará una comprensión profunda y holística de cómo se enmarca legalmente el coliving dentro del sistema tributario y qué consideraciones específicas deben tenerse en cuenta para su gestión y optimización fiscal.

Para ello diferenciaremos entre la tributación indirecta (IVA) en el presente capitulo y la directa (IS) junto con la tributación local (IAE).

2. TRIBUTACIÓN INDIRECTA (IVA)

La clasificación del coliving tiene implicaciones directas en su tributación, especialmente en lo que respecta al IVA. Como comentábamos, la fiscalidad hace caso omiso a la diferenciación entre tipo de suelo residencial o terciario o a los diferentes tipos de contrato. Los dos enfoques principales y únicos en tributación indirecta son:

- Residencial tradicional: Cuando las unidades de coliving se ofrecen sin servicios adicionales significativos, pueden clasificarse como residencias tradicionales, lo que podría eximir a sus arrendamientos del IVA.
- Modelo similar al hotelero: Cuando se incluyen servicios adicionales, como limpieza regular y cambio de sabanas, recepción, servicios de restauración y otros típicos de hoteles, el coliving puede ser tratado como un servicio de hospedaje. Esto implica la sujeción al IVA, a un tipo del 10%.

Asimismo, la elección de la estructura operativa en un proyecto de coliving afecta directamente a su régimen fiscal, debiendo diferenciar entre la operación directa y la gestión tercerizada, pudiendo ser está ultima en nombre propio o por cuenta ajena. En este sentido, los operadores de coliving pueden elegir administrar directamente sus propiedades o contratar a empresas especializadas para que manejen la operación diaria o incluso ceder —total o parcialmente— esta gestión a un tercero. Esta decisión influye en la aplicación del IVA, dado que la tercerización puede requerir la facturación de servicios adicionales sujetos a este impuesto o puede influir en el tipo de IVA aplicable.

Los operadores de coliving deben evaluar cuidadosamente su derecho a deducir el IVA soportado en sus compras y gastos operativos. La deducibilidad del IVA soportado dependerá de si los ingresos generados están sujetos y no exentos de IVA:

- Deducción completa (IVA recuperable): Si todos los servicios están sujetos a IVA, el operador puede deducir todo el IVA soportado relacionado con la operación de coliving.

- Prorrata de deducción (parcialmente recuperable): Si parte de la actividad está exenta de IVA, solo se puede deducir una parte proporcional del IVA soportado, basada en la relación entre ingresos sujetos y exentos.
- No deducción (IVA no recuperable): Si la actividad está totalmente exenta, tanto el IVA en la compra del suelo, la promoción inmobiliaria, como los costes operativos o el *fee* de la gestora, no serán recuperables.

Por ello, es importante, que este capítulo sobre los fundamentos del IVA proporcione una base sólida para entender las complejidades fiscales asociadas al coliving, permitiendo a los operadores y desarrolladores de estos proyectos gestionar eficientemente sus obligaciones fiscales, planificar con mayor precisión sus estrategias de inversión y operación en el mercado inmobiliario y evaluar el impacto del IVA en el flujo de caja y la financiación del proyecto, especialmente en fases de desarrollo intensivo de capital.

En este sentido, las implicaciones fiscales en el IVA son muy diferentes dependiendo de las diferentes situaciones y de la posición de cada uno de los participantes en la cadena empresarial. Por ello, a continuación diferenciamos los distintos tratamientos en el IVA, dependiendo de la actividad de cada uno de los actores.

2.1. Arrendamiento y gestión de la explotación del coliving de forma directa por la sociedad promotora y propietaria del inmueble

2.1.1. *Arrendamiento a particulares, sujeto y exento de IVA*

En el supuesto de que se destine el inmueble construido a la actividad de arrendamiento, para uso exclusivo como viviendas (incluidos garajes y trasteros), nos encontraríamos ante unos servicios sujetos pero exentos del IVA, de acuerdo con lo dispuesto en el artículo 20.Uno.23.º*b*) de la Ley 37/1992, del Impuesto sobre el Valor Añadido (en adelante, LIVA).

Sin embargo, el derecho a la deducción de las cuotas de IVA soportado únicamente podrá tener lugar en la medida en que el empresario o profesional desarrolle actividades sujetas y no exentas por las que se repercutan cuotas del Impuesto.

En aquel supuesto en que la entidad promotora cambiase la afectación de las viviendas promovidas (actividad no exenta de IVA, correspondiéndole un régimen de deducciones pleno) al sector del arrendamiento (actividad exenta de IVA, con régimen de deducciones nulo), se produciría una regularización del IVA soportado, mediante la realización de un autoconsumo de bienes.

2.1.2. *Arrendamientos no exentos de IVA*

Por otro lado, existen otras fórmulas de arrendamiento que, si bien podrían constituir igualmente un cambio de afectación (promoción inmobiliaria a arrendamiento), en la medida en que la nueva actividad a desarrollar se encuentre sujeta y no exenta del Impuesto, es decir, se repercutan cuotas de IVA, no resultaría necesario llevar a cabo ninguna regularización tributaria ni tampoco quedaría limitado el derecho a la deducción de las cuotas de IVA que soporte.

Los mencionados arrendamientos que, por su naturaleza, quedarían no exentos de IVA son los siguientes:

Arrendamiento con opción de compra

El mencionado artículo 20.Uno.23.º LIVA señala en su apartado *d*) que la exención relativa a los arrendamientos de vivienda «*no comprenderá [...]. Los arrendamientos con opción de compra de terrenos o viviendas cuya entrega estuviese sujeta y no exenta al impuesto*».

Con esta fórmula, la ulterior venta del inmueble arrendado continuará teniendo la calificación de «*primera entrega por parte de promotor*» y, por ende, se tratará de una venta con IVA.

Arrendamiento a empresario o profesional

En virtud del criterio que se desprende de numerosas consultas de la Dirección General de Tributos (en adelante, DGT), para la aplicación de la exención respecto al arrendamiento de viviendas no es suficiente con que el inmueble en cuestión tenga jurídicamente tal calificación, sino que, además, «*el uso como vivienda de la edificación ha de realizarse necesaria y directamente por el arrendatario, consumidor final*».

Por consiguiente, en aquel supuesto en que el arrendatario no tenga la calificación de «consumidor final», nos encontraremos ante un arrendamiento en el que no operará la exención del IVA. En la práctica, todo contrato de arrendamiento de vivienda en que el arrendatario no sea una persona física (p. ej., por figurar como arrendatario una persona jurídica) se encontrará sujeto y no exento del IVA, a un tipo del 21%, como si de un arrendamiento de local de negocios se tratase.

Si las viviendas se alquilan por una persona jurídica para destinarlo a residencia de sus empleados también se encontrará la operación sujeta al tipo del 21% y no exenta de IVA (debiendo practicarse, además, la correspondiente retención por parte del arrendatario). La excepción, para poder aplicar la exención en este caso, es que el trabajador en concreto deberá figurar en el contrato de arrendamiento como usuario de la vivienda.

Arrendamiento con servicios hoteleros

Asimismo, tampoco operará la exención respecto a los arrendamientos de apartamentos o viviendas amueblados en los que el arrendador «*se obligue a la prestación de alguno de los servicios complementarios propios de la industria hotelera*».

Resulta relevante traer a colación la reciente consulta vinculante V2607-22, en la que la DGT concluye respecto a la explotación de comunidades residenciales bajo la modalidad de «coliving», que este tipo de arrendamiento puede también quedar sujeto y no exento de IVA en la medida en que, además de la correspondiente habitación o apartamento, se ofrezcan conjuntamente otros servicios adicionales que puedan ser asimilables a los de la industria hotelera.

A efectos ilustrativos, los servicios hoteleros en cuestión que eran ofrecidos por el arrendador en la consulta de referencia —y que, a la postre, llevan a la Agencia Tributaria a calificar el arrendamiento como sujeto y no exento a IVA— eran los siguientes: i) suministro de luz, agua y calefacción; ii) recepción 24 horas; iii) seguro para objetos personales; iv) gimnasio y piscina; v) uso de salas de trabajo, comedor, televisión y otras actividades lúdicas; vi) Wi-Fi; y, vii) oferta de eventos y actividades lúdicas. Asimismo, junto a este «paquete básico» el arrendador ofrecía también servicios adicionales con precio independiente como son el servicio de mudanza, de limpieza de habitación bajo demanda o de lavandería.

Por el contrario, la referida doctrina, entiende que no tendrán la consideración de servicios complementarios propios de la industria hotelera: i) Los de servicio de limpieza del apartamento a la entrada y la salida del período contratado; ii) los de servicio de cambio de ropa a la entrada y salida del arrendatario; iii) los de servicio de limpieza de las zonas comunes del edificio y/o urbanización; iv) los de servicio de asistencia técnica y mantenimiento para eventuales reparaciones de fontanería, electricidad, persianas, cristalería cerrajería y electrodomésticos.

En consecuencia, los arrendamientos que vengan acompañados de los servicios hoteleros antes indicados se encontrarán plenamente sujetos y no exentos al IVA, lo que generará el derecho a la deducibilidad de cuotas del arrendador (la Compañía).

2.1.3. *Arrendamiento de la explotación del coliving a una gestora en nombre propio*

La entidad promotora o propietaria del inmueble, alternativamente podría ceder a una sociedad externa (OPCO) las viviendas y que sea esta última la que realice, en nombre propio, la actividad global del arrendamiento con el cliente final.

De acuerdo con la normativa analizada en puntos anteriores, la exención del artículo 20.Uno.23.º LIVA no operaría en este supuesto al no destinarse los inmuebles a su arrendamiento como viviendas (en sentido estricto), sino que serían arrendados —o cedidos— a otro empresario o profesional para su explotación.

El ulterior arrendamiento de los inmuebles en sede de OPCO podrá quedar exento de IVA en caso de ser suscrito con particulares para uso como vivienda, o sujetos y no exentos de IVA según los supuestos indicados anteriormente (arrendamientos a empresarios o profesionales, arrendamientos con servicios hoteleros, etc.), o en régimen mixto (aplicaría la regla de prorrata en el IVA).

No obstante, de acuerdo con el criterio actual de la Administración Tributaria[1], cuando mediante la interposición de una sociedad vinculada (también en el caso de una sociedad no vinculada aunque el riesgo de comprobación se vería mitigado) se logre la deducción de las cuotas de IVA soportadas en la adquisición de solares y de las obras realizadas en inmuebles, dicha estructura puede ser calificada como artificiosa por entenderse que esta obedece estrictamente a salvar de forma impropia la imposibilidad de deducir las cuotas del IVA, pudiendo ser objeto de regularización tributaria.

2.1.4. *Implicaciones fiscales de la sociedad gestora del coliving*

El arrendamiento de las viviendas a la entidad promotora estaría sujeto al IVA, siendo el tipo aplicable el 21%. La exención no sería aplicable ya que el arrendamiento se realiza a un empresario o profesional para su posterior explotación.

El posterior alquiler de habitaciones o subarriendo de las viviendas a las personas físicas o jurídicas que incluye la prestación de los servicios hoteleros está sujeto al IVA, siendo el tipo aplicable el 10% en el caso de personas físicas.

En el caso de que la gestora subarriende a una persona física sin incluir la prestación de servicios hoteleros, la operación estaría exenta de IVA,

[1] Véase, Informe n.º 5 de la Comisión Consultiva sobre Conflicto en la aplicación de la norma tributaria, de 16 de enero de 2022.

no siendo posible que la gestora se deduzca el IVA soportado correspondiente al contrato de arrendamiento o de prestación de servicios de limpieza, suministros, mantenimiento, comercialización, etc.

2.1.5. *Otros contratos: plataformas que comercializan los coliving, empresas de servicios de limpieza, suministros, etc.*

Se aplicará el tipo general del 21% de IVA a los servicios contratados a una entidad gestora por parte de la entidad promotora o propietaria del inmueble.

En este sentido, la DGT en su consulta V0068-24, entiende que según el artículo 11 de la Ley 37/1992, se consideran prestaciones de servicios todas las operaciones que no constituyan una entrega, adquisición intracomunitaria o importación de bienes. En este contexto, la intermediación en el alquiler de inmuebles se considera una prestación de servicios, específicamente como mediación según el artículo 11.Dos.15.º, lo que implica que la entidad gestora actúa en nombre de los propietarios.

Por tanto, la comercialización por la gestora en nombre del propietario, los servicios contratados para el mantenimiento de las viviendas, así como para el desarrollo de los servicios propios de la industria hotelera adicionales que pudiera ofrecer, son servicios sujetos y no exentos de IVA, cuya deducibilidad dependerá del tipo de servicio que se preste, incluyendo los mencionados propios de la industria hotelera.

Igualmente sucederá con los servicios de limpieza, vigilancia, suministros…, prestados por un tercero, ya sea a la propiedad o a la entidad gestora.

3. TRIBUTACIÓN DIRECTA (IS)

Con carácter general, las rentas obtenidas por una sociedad por el arrendamiento de espacios privados tributaría por el IS, al tipo general del 25% (o tipo reducido, según proceda).

La manera en que se depreciarán los activos inmobiliarios y se amortizarán las mejoras puede afectar significativamente la base imponible:

- Métodos de Depreciación: Seleccionar métodos de depreciación que maximicen los beneficios fiscales a corto plazo, como la depreciación acelerada para ciertos componentes del proyecto.
- Revisión de la Vida Útil de los Activos: Ajustar regularmente la vida útil estimada de los activos según su uso real y condiciones del mercado para optimizar las deducciones por depreciación.

Asimismo, es importante tener en cuenta que este tipo de entidades dedicadas al arrendamiento de inmuebles, pueden ser consideradas entidades patrimoniales a efectos del artículo 5.1 de la LIS. En este sentido, la DGT ha concluido que la entidad desarrolla una actividad económica, aun cuando los medios materiales y humanos necesarios para intervenir en el mercado no eran propios, sino subcontratados a una entidad ajena al grupo mercantil.

Asimismo, existen dos regímenes especiales que merecen comentario aparte: el Régimen de entidades dedicadas al arrendamiento de vivienda («EDAV») y el de las sociedades anónimas cotizadas de inversión en el mercado inmobiliaria («SOCIMI»).

3.1. Aplicación del régimen EDAV

Pueden acogerse al régimen de entidades dedicadas al arrendamiento de vivienda las sociedades que tengan como actividad económica principal el arrendamiento de viviendas situadas en territorio español que hayan construido, promovido o adquirido.

Las entidades que hayan optado por este régimen pueden aplicar una bonificación del 40% en la parte de cuota íntegra correspondiente a las rentas derivadas del arrendamiento de viviendas que cumplan los requisitos exigidos para aplicar este régimen fiscal.

Los requisitos necesarios para aplicar el EDAV serían los siguientes:

- Que al menos el 55% de las rentas del período impositivo, excluidas las derivadas de la transmisión de los inmuebles arrendados una vez transcurrido el período mínimo, o, alternativamente que al menos el 55% del valor del activo, sea susceptible de generar rentas que tengan derecho a la aplicación de la bonificación de las EDAV.
- Que el número de viviendas arrendadas u ofrecidas en arrendamiento por la entidad en cada período impositivo sea en todo momento igual o superior a 8.
- Que las viviendas permanezcan arrendadas u ofrecidas en arrendamiento durante al menos 3 años.

Las viviendas poseídas en virtud de cualquier otro título jurídico, como usufructo, derecho temporal de explotación, arrendamiento, etc., no serían aptas a los efectos de aplicar este régimen especial. En la medida que se requiere que la entidad explotadora tenga las viviendas en propiedad, no podría aplicarse el régimen EDAV en supuesto de explotación directa del coliving por parte de una OPCO.

Además, solo aplica a «arrendamiento de viviendas» según la definición del artículo 2.1 de la Ley de Arrendamientos Urbanos vigente (LAU),es decir, contratos de arrendamiento sujetos a la LAU.

Por tanto, cabe aplicar el Régimen EDAV en función de cómo se estructure y de la calificación del contrato de arrendamiento, lo cual puede ser complicada la deducibilidad del IVA si al mismo tiempo se están prestando servicios propios de la industria hotelera. Si bien nada se establece en la Ley del IVA sobre que el contrato no pueda estar sujeto a la LAU, la justificación de la prestación de estos servicios ante la AEAT podría complicarse en este caso.

3.2. Aplicación régimen SOCIMI

Si bien no es objeto del presente capitulo la regulación de las SOCIMI, sí debe tenerse en cuenta que son entidades cuyo objeto social es la adquisición y promoción de bienes inmuebles de naturaleza urbana para su arrendamiento.

Asimismo, dentro del mismo puede incluirse también la tenencia de participaciones en el capital de (i) otras SOCIMI y/o (ii) Otras entidades no residentes en territorio español que tengan el mismo objeto social que las SOCIMI y que estén sometidas a un régimen similar y/o de Instituciones de Inversión Colectiva Inmobiliaria

Además de las actividades económicas que constituyen su objeto social principal, las SOCIMI pueden desarrollar otras actividades accesorias, es decir aquellas cuyas rentas en su conjunto representen menos del 20% de la totalidad de las rentas de la SOCIMI en cada período impositivo.

Bajo este régimen especial, las SOCIMI tributarán al tipo de gravamen del 0% y estarán sujetas a limitaciones (bases imponibles negativas, deducciones y bonificaciones, retenciones de dividendo). No obstante, en caso de incumplimiento del plazo de 3 años de permanencia, deberán realizar las regularizaciones oportunas.

Incompatibilidades: la opción del régimen es incompatible con la aplicación de otro régimen especial (*e.g.* EDAV), salvo regímenes especial de reestructuraciones, especial de transparencia fiscal, especial de determinados contratos de arrendamiento financiero.

Las SOCIMI deberán tener invertido, al menos, el 80% del valor del activo en bienes inmuebles de naturaleza urbana destinados al arrendamiento, en terrenos para la promoción de bienes inmuebles que vayan a destinarse a dicha finalidad siempre que la promoción se inicie dentro de los 3 años siguientes a su adquisición.

Al menos el 80% de las rentas del período impositivo correspondientes a cada ejercicio, excluidas las derivadas de la transmisión de las participaciones y de los bienes inmuebles afectos ambos al cumplimiento de su objeto social principal deberán provenir (i) del arrendamiento y (ii) dividendos o participaciones en participaciones afectas al cumplimiento de su objeto social.

De acuerdo con reciente doctrina de la DGT, los ingresos por arrendamiento de inmuebles en régimen de *coworking* podrían computar como ingresos del 80%, pero no así los servicios complementarios al arrendamiento. En particular, la DGT señala que «por ello, las rentas derivadas de la prestación de este conjunto de servicios adicionales, que no se circunscriben al mero arrendamiento de un inmueble, no pueden considerarse subsumidas entre las rentas previstas en el apartado 2 del artículo 3 de la Ley 11/2009, teniendo, por tanto, la consideración de rentas derivadas de actividades accesorias en los términos del apartado 6 del artículo 2 de la Ley 11/2009».

En el mismo sentido, podría interpretarse respecto al coliving, si bien no existe un pronunciamiento concreto al respecto por parte de la DGT.

4. TRIBUTACIÓN LOCAL (IAE)

El mero ejercicio de cualquier actividad económica, especificada o no en las Tarifas del IAE, da lugar a la obligación de presentar la correspondiente declaración de alta.

En el caso de coliving, podría encuadrarse en el *epígrafe 861.1. —Alquiler de viviendas—*. No obstante, en el caso que se presten servicios de industria hotelera, de acuerdo con el criterio de la AEAT debería causar alta en el *epígrafe 685 —Alojamientos turísticos extrahoteleros—*, que incluye aquellas actividades que tengan la naturaleza de servicios de hospedaje, pero que se prestan en establecimientos distintos a los hoteles y moteles, hostales y pensiones, fondas y casas de huéspedes, hoteles-apartamentos, empresas organizadoras y/o agencias de explotación de apartamentos privados

Cuota

El IAE es un tributo debido al municipio (y un recargo sobre el mismo a la provincia) por el mero ejercicio de actividades empresariales, de manera que la propietaria de los inmuebles explotados en régimen de coliving vendría obligada al pago del mismo. No obstante, existen las siguientes exenciones:

- Los sujetos pasivos que inicien el ejercicio de su actividad en territorio español, durante los dos primeros períodos impositivos de este impuesto en que se desarrolle aquella.

- Los sujetos pasivos del Impuesto sobre Sociedades que tengan un importe neto de la cifra de negocios inferior a 1.000.000 de euros (si la entidad forma parte de un grupo de sociedades de acuerdo con lo previsto en el art. 42 del Código de Comercio, el importe neto de la cifra de negocios se referirá al conjunto de entidades pertenecientes a dicho grupo).

En todo caso, transcurridos los 2 años y superado el umbral de 1.000.000 de euros, la cuota se determinará de la siguiente manera: según el número de llaves y alojamientos, el número de plazas de capacidad con que cuenta el establecimiento de hospedaje.

5. PLANIFICACIÓN FISCAL Y ESTRATEGIAS DE OPTIMIZACIÓN

La planificación fiscal efectiva es esencial para maximizar la eficiencia fiscal en la adquisición y desarrollo de proyectos de coliving. Algunas estrategias incluyen:

- Estructuración de la Propiedad: Considerar estructuras que optimicen la carga fiscal. Asegurar que la estructura operativa permita la máxima recuperación del IVA soportado en los costes de desarrollo, construcción y servicios operativos.
- Análisis de Flujo de Caja: Evaluar el impacto del IVA en el flujo de caja y la financiación del proyecto, especialmente en fases de desarrollo intensivo de capital.
- Análisis holístico de la repercusión del IVA: Debe tenerse en cuenta la deducibilidad del IVA en el proyecto en caso de prestar servicios hoteleros, pero también debe considerarse que en el importe del alquiler se debe incluir siempre el correspondiente IVA repercutido, encareciendo el coste de la habitación al cliente final.
- Analizar la posibilidad de acogimiento a los regímenes especiales de EDAV y SOCIMI en el IS y el consecuente ahorro en el mismo.
- Derivado de la posibilidad de búsqueda de financiación en inversores privados —*i.e. family office*— es necesario revisar el cumplimiento de los requisitos para que la inversión pueda considerarse afecta en el Impuesto sobre el Patrimonio. En este sentido, es necesario tener contratada una persona a jornada completa para la gestión del negocio, no siendo válida la autocontratación.
- Consultoría y Asesoramiento: Trabajar con asesores fiscales desde las fases tempranas del proyecto para asegurar que todas

las actividades de adquisición y desarrollo se planifiquen con una comprensión clara de las implicaciones fiscales.

6. PERSPECTIVAS FUTURAS

Mirando hacia el futuro, se anticipan varios desarrollos que podrían influir en la fiscalidad del coliving:

- Evolución de la legislación fiscal: A medida que el coliving continúe creciendo y consolidándose como un modelo de vivienda alternativo, es probable que surjan nuevas regulaciones fiscales diseñadas específicamente para este sector, las cuales podrían incluir incentivos fiscales para promover prácticas de vivienda sostenibles y asequibles, sobre todo a nivel local.
- Especialmente relevante es que la legislación fiscal en el IVA se adecúe a los nuevos modelos de negocio como el coliving, no estando asociados a los servicios hoteleros, sino modernizando y adaptando la normativa europea de IVA a los nuevos tiempos.
- Igualmente, los regímenes de EDAV y SOCIMI deberían adaptarse a los nuevos modelos de negocio en el ámbito inmobiliario, al igual que la necesidad de medios materiales y humanos para ser considerada una actividad económica.
- Revisión en materia de IAE, con el objetivo de establecer un epígrafe adecuado que regule y se asemeje a la realidad del coliving.
- Innovación en modelos de negocio: La innovación continua en los modelos de negocio del coliving puede llevar a nuevas estructuras operativas y financieras, lo cual a su vez podría requerir ajustes en la planificación y gestión fiscal.
- Internacionalización: A medida que el coliving se expanda a nuevos mercados internacionales, los operadores enfrentarán un panorama fiscal aún más complejo que requerirá una gestión cuidadosa de las regulaciones fiscales en múltiples jurisdicciones.

En conclusión, mientras el coliving continúa evolucionando como una respuesta creativa a las necesidades de vivienda modernas, también lo hacen sus desafíos y oportunidades fiscales. A través de una gestión fiscal convenientemente asesorada y estratégica, los operadores de coliving pueden no solo cumplir con sus obligaciones fiscales, sino también maximizar su potencial de crecimiento y rentabilidad en un mercado inmobiliario en constante cambio.

CAPÍTULO V

ASPECTOS JURÍDICOS DEL COSENIOR

AGUSTÍN LEÓN
Socio Departamento Derecho Público y Regulatorio.
MONTERO ARAMBURU ABOGADOS

INTRODUCCIÓN

La irrupción de nuevas fórmulas que ofrecen una perspectiva más amplia del tradicionalmente considerado uso residencial, como las distintas modalidades de coliving, se está produciendo en la práctica a un ritmo —lamentablemente— mayor que el que está experimentando la adaptación de la normativa de aplicación, generándose por ello cierta incertidumbre o inseguridad en inversores y promotores que podría ralentizar el comportamiento en el mercado de estos nuevos productos inmobiliarios.

En Europa se ha acelerado en los últimos años la implantación de un nuevo modelo residencial destinado a acoger personas mayores que, manteniendo aún su autonomía, desean vivir de forma independiente y sin asistencia, en un complejo diseñado para fomentar la interacción mediante la disponibilidad de distintos servicios comunes, como comedores, salones de televisión o lavanderías. Los conocidos como *senior living* surgieron para dar respuesta y servicio a una parte considerable de la sociedad que alcanzaba la tercera edad en un estado de salud óptimo, y que, por lo general, tiende a mejorar permitiendo disfrutar todavía de una buena calidad de vida. No debe extrañar en este sentido que el sector de las residencias de tercera edad haya estado en auge durante los últimos años, representando un negocio con una rentabilidad considerable.

En ese ecosistema surge la modalidad del *cosenior*, entendido como el complejo en el que residen personas de avanzada edad con autonomía funcional y plena independencia que, sin renunciar a las características propias de una vivienda, persiguen hacer uso de espacios para compartir con el resto de vecinos en un entorno comunitario sin necesidad de disponer de servicios asistenciales. En estos complejos habitan personas que no requieren realmente de una asistencia médica permanente o un cuidado especial, pero la compañía que encuentran en ellas les resulta motivo suficiente para residir de forma permanente o por largas temporadas. De este modo, el *cosenior* se presenta en la actualidad como un modelo idóneo de residencia para envejecer con autonomía, así como una alternativa menos costosa que la que ofrecen las residencias de mayores tradicionales. Se promueve así para las personas en esa franja de edad un modelo de vida activa e independiente, en el que se fomenta la interacción de todos.

1. CUESTIONES URBANÍSTICAS. CALIFICACIÓN DEL SUELO

Los problemas a los que se enfrentan estos nuevos modelos son de distinta naturaleza, si bien centraremos aquí la atención en los de índole urbanística, en la medida en que ni los planes ni las leyes urbanísticas contemplan actualmente, salvo excepciones, estas tipologías específicas de uso. El carácter temporal o permanente de la residencia, así como la efectiva prestación de servicios para los usuarios o propietarios, representan elementos determinantes a la hora de valorar el uso urbanístico del suelo donde se pueden implantar, a la luz del régimen general de usos que establecen frecuentemente los instrumentos de ordenación urbanística. Una interpretación razonable de la normativa urbanística permitiría en cualquier región española concluir que un complejo de las referidas características, con servicios destinados a personas mayores que se alojan de forma temporal, puede ser implantando en suelo calificado como dotacional o equipamiento en el correspondiente planeamiento urbanístico, mientras que la ausencia de estos servicios y el carácter permanente de la residencia determinaría la ejecución de proyectos de esas características en suelo residencial.

En relación con lo anterior, debemos, por tanto, diferenciar este modelo de *cosenior* del más implantado de residencias de mayores, cuyo desarrollo debe generalmente resultar posible en suelos dotacionales privados —o públicos—. Por las similitudes que puedan guardar, resulta oportuno precisar que las residencias de estudiantes no reciben, sin embargo, un trato similar en los planes generales de ordenación. En el caso de la ciudad de Madrid, el gobierno municipal aclaró mediante Instrucción 2/2014 que el suelo que albergue estas residencias de estudiantes ha de estar clasificado como residencial, además de ser necesaria para su implantación una vinculación con una universidad, descartándose por su parte su ubicación en suelos terciarios, pese al carácter temporal que en estos casos tendría el alojamiento. En la ciudad de Sevilla, por su parte, las residencias de estudiantes pueden ser promovidas en parcelas dotacionales o de equipamientos, circunstancia que incluso ha sido fomentada por el propio Plan General de Ordenación Urbanística con incrementos significativos de edificabilidad a modo de incentivo para su promotor que han supuesto, a la postre, la proliferación de estos equipamientos en viales emblemáticos, como la céntrica Avenida de La Palmera.

La definición del uso residencial en los instrumentos de ordenación general se vincula irremediablemente a la finalidad de proporcionar alojamiento permanente a las personas. Resulta, por tanto, difícil que el *cosenior*, como modalidad de coliving, pueda desarrollarse en parcelas calificadas de dotacional o equipamiento cuando el uso que se hace del inmueble es de residencia permanente.

El Ayuntamiento de Madrid ha sido uno de los pocos que ha modificado recientemente las normas urbanísticas de su plan general para permitir la implantación del coliving, en suelo de uso residencial, en la categoría de residencia compartida. Esta modificación ofrece mayor seguridad jurídica a inversores, al precisar las características y condiciones mínimas de esta nueva modalidad que solo podrá desarrollarse en edificio exclusivo: las unidades de alojamiento privativas estarán integradas por dormitorio y baño, con superficie mínima de 15 m^2, que no podrá ser inferior a 10 m^2 por persona. Los espacios comunes han de estar constituidos, al menos, por estancia comedor, cocina y zona de lavado y secado de ropa, con una dimensión conjunta mínima de 25 m^2 para una unidad de alojamiento, dimensión que se aumentará en 5 m^2 por cada unidad adicional.

No se puede obviar que, dada su escasez, el precio de suelo residencial representa un obstáculo para este colectivo de personas mayores, concurriendo, además, en este caso dificultades a la hora de obtener financiación por evidentes motivos de edad. En este escenario, debe ser responsabilidad de las Administraciones Públicas articular fórmulas que permitan el desarrollo de promociones para este colectivo, cada vez con mayor presencia dado el aumento de la esperanza de vida y el envejecimiento demográfico que se está experimentando a nivel europeo. Para poder abordar el problema de la disponibilidad de suelo para el desarrollo de esta modalidad de coliving, desde la perspectiva adecuada, las corporaciones locales deberían reflexionar sobre las ventajas que socialmente ofrece este modelo alternativo de residencia comunitaria, determinar el público objetivo que ofrezca justificación suficiente a la adopción de nuevas y disruptivas políticas, y atajar la situación desde los instrumentos de ordenación urbanística, adoptando criterios de ordenación preceptiva que obligue a disponer de parcelas destinadas a la concreta tipología residencial, estableciendo un régimen urbanístico específico para este producto inmobiliario, como una tipología específica de vivienda sometida a unas condiciones concretas de acceso, en términos de edad mínima, y de disposición de espacios de uso común que fomente el contacto y la colaboración de los residentes. Existen suficientes motivos de interés público para justificar políticas urbanísticas municipales o autonómicas en el sentido expuesto, dirigidas a satisfacer las necesidades de un sector de la población con cada vez mayor protagonismo. El Gobierno de Canarias, como se precisará más adelante, sería un buen ejemplo a seguir.

El envejecimiento de la población mundial acelera la cristalización de fórmulas de *living* adaptadas a todo el ciclo de vida, en las que adquieren relevancia modalidades que permiten superar problemas comunes para personas de avanzada edad, como la soledad. La Organización Mundial de la Salud acuña el término envejecimiento activo (*active ageing*) como el proceso de optimización de las oportunidades de bienestar físico, social y mental durante toda la vida, con el objetivo de ampliar la esperanza de vida saludable, la productividad y la calidad de vida en la vejez. La configuración de espacios comunes respetando la privacidad de las zonas de descanso y baños para disfrutar de su intimidad, constituye una alternativa habitacional ideal para que personas que mantienen plena capacidad cognitiva, puedan interrelacionarse en su vida diaria favoreciendo la compañía y el contacto social. Esta necesidad, se insiste, deber ser considerada a la hora de adoptar políticas de fomento de viviendas por parte de las Administraciones Públicas, facilitando el acceso mediante la reserva de parcelas para este destino cada vez más demandado por una parte muy relevante de la sociedad.

En relación con lo anterior, han de ser bienvenidas y deben fomentarse políticas asistenciales como las aprobadas por la Comunidad de Madrid al establecer, mediante Resolución 940/2022, de 1 de marzo, los criterios que han de regir el régimen de autorización de las conocidas como *cohousing senior*. Se trata de un modelo de viviendas colaborativas destinadas a la promoción del envejecimiento activo y la autonomía personal y a la atención a las situaciones de dependencia de personas mayores. Mediante una fórmula de entidad asociativa se promueve este modelo caracterizado por un conjunto de dotaciones residenciales en las que se combinan espacios privados con zonas comunitarias, *con el propósito de desarrollar una vida de apoyo mutuo entre sus integrantes para la promoción del envejecimiento activo y la autonomía personal y la atención ante situaciones, presentes o futuras, de dependencia*. A estas entidades asociativas se les exige estar integradas mayoritariamente (>50%) por personas en edad de jubilación, requiriéndose para el resto, salvo excepciones, tener una edad igual o superior a 50 años. Por su parte, cuando las personas residentes que presenten una situación de dependencia supere el 25% (>25%), se deberá implementar un sistema de asistencia y apoyo permanente a cargo de profesionales vinculados al centro, circunstancia que reforzaría los motivos para localizar este tipo de viviendas colaborativas en parcelas dotacionales.

En el caso del *cosenior*, pese a ser un modelo distinto al de las citadas residencias de la tercera edad y estar ciertamente destinado al alojamiento permanente de personas, concurren razonables motivos para que las Administraciones aborden su implantación con la sensibilidad que merece, facilitando su desarrollo bajo determinadas condiciones, como las apuntadas en el caso de Madrid, pues este modelo residencial colaborativo se ha de valorar como una solución idónea para afrontar las dificultades de acceso a la vivienda que tienen las personas de la tercera edad.

2. FÓRMULAS JURÍDICAS IDÓNEAS PARA ARTICULAR LA CONSTITUCIÓN DE VIVIENDA COOPERATIVA

Como ha sido expuesto, las políticas municipales que se están implantando plantean una fórmula asociativa a través de viviendas colaborativas, presentándose la sociedad cooperativa, al menos *a priori*, como la más idónea.

La propia disposición de las estancias que propone el modelo de *cosenior*, que parte de la existencia tanto de espacios privados como comunes gestionados de manera colectiva y democrática, coincide con los valores de las cooperativas proclamados en la propia definición de estas que realiza la Ley 27/1999, de 16 de julio, de Cooperativas. En este sentido, nos encontraríamos ante una sociedad constituida por personas que se asocian, en régimen de libre adhesión y baja voluntaria, para la realización de actividades empresariales, encaminadas a satisfacer sus necesidades y aspiraciones económicas y sociales, con estructura y funcionamiento democrático, conforme a los principios formulados por la alianza cooperativa internacional.

Es esa precisamente la fórmula asociativa que adoptó el Gobierno de Canarias de forma expresa en la Ley 4/2022, de 31 de octubre, de Sociedades Cooperativas de Canarias, y más concretamente como cooperativa de vivienda colaborativa, para regular este nuevo modelo de coliving, exigiéndose que sea una cooperativa integral que tenga por objeto la promoción de viviendas en régimen de cesión de uso, estando dirigidos los servicios que se prestan a procurar la calidad de vida y la autonomía de las personas usuarias de cualquier edad. Esta cooperativa de vivienda colaborativa se presenta como forma de combinar el régimen de cesión de uso de la vivienda en el uso social y solidario de la misma, con la doble finalidad de dotar a sus miembros de una residencia estable en un entorno colectivo de relación con los demás miembros y la comunidad, sometiéndose a los siguientes principios: *a*) Integración en el entorno y compromiso social; *b*) Fomento de las relaciones humanas como fuente de bienestar, combinando la relación social con la independencia personal, incrementando la dimensión de la superficie de interrelación y servicios frente a la superficie privativa de alojamiento o vivienda; *c*) Tolerancia y apoyo mutuo; *d*) Solidaridad ante situaciones de vulnerabilidad y necesidad; en especial, situación de soledad en la vejez y pérdida de salud; y *e*) Sin ánimo de lucro.

Desde la perspectiva urbanística, el legislador canario da un paso más reconociendo expresamente en la Ley 4/2022 el marcado carácter social y solidario de estas cooperativas de viviendas colaborativas, pudiendo ser consideradas como equipamiento de servicio e interés social, circunstancia que permite la ejecución de proyectos en suelo dotacionales (art. 135.3), representando una ventaja competitiva frente al resto de Comunidades Autónomas. Además, se indica expresamente que estas cooperativas pueden ser destinatarias de subvenciones públicas para su implantación, fomento y desarrollo de sus objetivos. Y no se trata de una mera declaración de intenciones, pues desde 2022 y anualmente han sido aprobadas por el Gobierno de Canarias convocatorias de concesión de subvenciones, en régimen de concurrencia competitiva, destinadas a la implantación y fomento del *cohousing* y viviendas colaborativas en Canarias, teniendo como objeto modalidades residenciales en las que se reduzca la superficie privativa de alojamiento o vivienda y se incremente la superficie de interrelación en comparación con las soluciones habituales de viviendas, pudiendo ser destinados al arrendamiento, a la cesión en uso o al disfrute temporal en cualquier régimen admitido en derecho, ya sean de titularidad pública o privada. Una auténtica apuesta por el desarrollo del cosenior cuyo modelo representa actualmente una referencia en el sector.

Un modelo muy parecido es el que más recientemente ha seguido la Comunidad de Madrid mediante la Ley 2/2023, de 24 de febrero, de Cooperativas de la Comunidad de Madrid, que prevé la creación de nuevos tipos de cooperativas de consumo de bienes y servicios, entre las que se encuentran las denominadas cooperativas de vivienda en cesión de uso. Así, se trata de facilitar y encajar en el modelo cooperativo estas nuevas realidades surgidas a partir del concepto de coliving, de modo que la cooperativa retiene la propiedad de las viviendas, facilitando a los socios el uso y disfrute de las mismas en régimen de arrendamiento o mediante cualquier título admitido en derecho.

Visto desde esta perspectiva asociativa, el *cohousing* ofrece muchas ventajas, al consistir en un proceso participativo donde un conjunto de interesados autopromueven sus viviendas con las características que desean, resultando una solución asequible y sostenible. El cosenior promovido desde una cooperativa permite a sus miembros mantener la adopción de las decisiones finales de forma democrática y, en definitiva, ser responsables de la gestión.

Queda aún pendiente un desarrollo normativo que dote al régimen de los colivings de la seguridad jurídica que merece la promoción de este tipo de proyectos, de alto componente social. Algunas ciudades como Madrid o Comunidades Autónomas como Canarias han dado los pasos necesarios para fomentar la implantación de cosenior, pero aún queda mucho por regular. Los ayuntamientos son los que deben facilitar la implantación de estas nuevas modalidades residenciales mediante la modificación o adaptación de su normativa urbanística.

CAPÍTULO VI

URBANISMO EN EL FLEX LIVING

José María Ezquiaga
Dr. Arquitecto

1. UN NUEVO CONTRATO CÍVICO

Quizás lo que mejor caracterice la condición urbana contemporánea sea una transformación de las ciudades tan profunda como la experimentada en el período de surgimiento de las sociedades industriales en la segunda mitad del siglo XIX y principios del XX. En el año 1950 solo un tercio de la población mundial habitaba en ciudades. En 2014 por primera vez en la historia de la humanidad la mayor parte de la población del planeta habita en ciudades y las estimaciones apuntan que en 2050 lo hará cerca del 70%.

Pero esta transformación no es solo cuantitativa: los cambios en las formas de producción, organización del consumo y movilidad de capitales, personas y bienes, también afectan de manera profunda al carácter de las ciudades. Lo global y lo local se encuentran conectados de manera inimaginable en las sociedades tradicionales, determinando que acontecimientos en centros de decisión lejanos afecten rutinariamente a las vidas de millones de personas. Al mismo tiempo, el visible impacto del cambio climático y una economía extractiva a escala global está generando una pérdida de hábitat natural sin precedentes históricos. Finalmente, los movimientos migratorios a las ciudades más desarrolladas, asociados a la búsqueda de oportunidades económicas, desastres naturales o conflictos bélicos están redibujando la geografía a escala planetaria.

La reciente emergencia sanitaria desestabilizó temporalmente el espacio público y las infraestructuras vitales de las ciudades, pero también nos ofreció la posibilidad de visibilizar problemas urbanos latentes e inspirar nuevas estrategias. Ha ganado valor la dialéctica equilibrada entre espacio público y espacio privado sobre la que se basan las ciudades occidentales. Además, ha fortalecido otra dimensión clave de la aglomeración humana: el sentido de comunidad y el valor de la proximidad, abriendo camino a una visión más amplia del papel de la arquitectura y el urbanismo en la consecución del bienestar físico y mental integral.

En este contexto, difícil, pero esperanzador, las ciudades deben asumir el desafío de ser motores del desarrollo económico, pero también de la redistribución de la riqueza a través del acceso universal a los bienes públicos y la inclusión social.

Se hace necesario un nuevo contrato cívico sensible a las necesidades de una ciudadanía cada vez más diversa. Necesitamos visiones y proyectos de ciudad capaces de afrontar los grandes desafíos ambientales: el cambio climático, la renaturalización, la sostenibilidad energética, la movilidad sostenible, la valorización del espacio público; y sociales: la equidad, la salud, el acceso a la vivienda, la regeneración urbana y la salvaguarda del patrimonio cultural. Sin renunciar a la sensibilidad hacia lo cercano y lo diverso: la biografía humana y la geografía irrepetible de cada lugar.

2. DENSIDAD SALUDABLE: LA CIUDAD MEDITERRÁNEA

La intensidad de la interacción social estimula la innovación, la creación y la atracción del talento en las esferas económica, científica y cultural y posibilita la concentración de los recursos e infraestructuras sociales y el acceso a los mismos.

Desde el punto de vista ambiental la densidad es clave para reducir la huella urbana, el consumo energético y las emisiones de carbono. Hace posible una movilidad limpia, prioritariamente peatonal en las cortas distancias y un transporte público eficiente para la movilidad obligada a escala metropolitana. En la escala arquitectónica los desarrollos urbanos de una densidad saludable favorecen la variedad de tipos de vivienda y la integración de usos muy diversos y, consecuentemente, la interacción y diversidad social en edades y niveles de renta, facilitando las estrategias de regeneración urbana.

Desde estas perspectivas es clave defender el modelo de ciudad mediterránea: densa, continua y compacta basada en un equilibrio saludable entre personas, actividades, bienes públicos e infraestructuras: alejado tanto de la disolución de la ciudad, como del hacinamiento inhumano.

2.1. La ciudad compleja

La definitiva superación de la zonificación debe dar paso a la mezcla intencionada de actividades económicas, ocio y residencia en cada una de las piezas del tejido urbano.

A pesar de que el sistema legal de planeamiento en España y la mayoría de los países desarrollados se sustenta en el paradigma de la ciudad clasificada, zonificada y construida desde políticas sectoriales (urbanismo, medio ambiente, transporte, dotaciones públicas...) hay margen suficiente para promover una ciudad más compleja, orientada hacia la convivencia armónica de una amplia variedad de usos del suelo y de los propios inmuebles y a la disponibilidad de los servicios y equipamientos esenciales en el entorno más cercano a la vivienda. Lamentablemente las regulaciones urbanísticas de los Planes municipales permanecen ancladas, con pocas excepciones, en la radical separación de usos del suelo. Entendiendo esta transformación del espacio residencial como una amenaza para el equilibrio funcional de las ciudades y no como el primer paso para alcanzar un tejido urbano más complejo y menos dependiente de la movilidad obligada.

2.2. Las viviendas productivas

Las viviendas productivas en las que conviven, el trabajo, los cuidados, la conexión social y la intimidad personal, son la vanguardia de una transformación más profunda de la arquitectura residencial. Asimismo, la extensión del teletrabajo está impulsando un cambio fundamental en la concepción de los espacios de trabajo y abrirá nuevas oportunidades para la reinvención y transformación de los distritos de negocio de la ciudad contemporánea. En las grandes ciudades globales son ya muchas las compañías que promueven que al menos un día a la semana sus empleados desarrollen la jornada laboral en su casa. Si el día elegido pudiera ser flexible y se distribuyera homogéneamente —es decir, no todos los trabajadores eligieran el viernes— tan solo con esta medida se reducirían un 20% las demandas de movilidad obligada por motivos laborales en el sector de oficinas.

Será necesario imaginar la complementariedad entre defender la presencia de las actividades productivas en el tejido urbano con una más compleja utilización de los suelos productivos. Defendiendo la integración de la más amplia presencia de actividades económicas (tradicionales e innovadoras) dotacionales y comerciales tanto en los tejidos residenciales como en los de especialización productiva. Este mestizaje constituye la base de la complejidad urbana y el caldo de cultivo de la atracción de actividades innovadoras en las esferas tecnológica, cultural y artística y abrirá una nueva dimensión a la reconversión y transformación de la ciudad.

2.3. Un nuevo ecosistema de movilidad

El crecimiento exponencial del parque de automóviles privados está asociado a los procesos de dispersión territorial y al mismo tiempo se retroalimenta de las necesidades de movilidad individual generadas por los modelos de ocupación territorial de muy baja densidad. Existe un amplio consenso en la comunidad científica en entender que el impacto de la movilidad urbana sustentada en el predominio del automóvil privado es insostenible en relación con dos de las variables clave en el concepto contemporáneo de calidad de vida: la preservación del medio ambiente urbano, el ahorro energético y la salud.

Respecto al primer aspecto, la movilidad urbana basada en el automóvil privado es ineficiente por cuanto demanda un alto consumo de energía por kilómetro de viaje y adicionalmente supone una desproporcionada ocupación del espacio público urbano, en vías de circulación y espacio para aparcamiento, tanto si tomamos como referencia comparativa los modos de transporte colectivo de mayor capacidad, como en comparación con otros modos de transporte compartido con o sin conductor.

En relación con la salud, la movilidad cautiva del automóvil está asociado al sedentarismo, una de las causas acreditadas del dramático crecimiento de las enfermedades cardiovasculares y obesidad, así como el deterioro de la calidad del aire en el medio urbano, asociado a las enfermedades respiratorias y cáncer.

El transporte público es un activo irrenunciable de las grandes ciudades. Su preservación y eficiencia ha sido un gran reto durante las pasadas circunstancias de emergencia sanitaria. El ecosistema de la movilidad en una ciudad contemporánea se ha hecho mucho más variado y complejo de lo que estamos acostumbrados a considerar. Desde la perspectiva de las políticas de movilidad es necesario asumir esta realidad y promover una oferta amplia y variada de modos de transporte motorizados y no motorizados que racionalice el acceso indiscriminado de los vehículos al Centro sin poner en crisis la accesibilidad esencial.

En las áreas de menor densidad aparece la oportunidad de implementar sistemas de transporte a la demanda y a medio y largo plazo sistemas de vehículo autónomo eléctrico de servicio público. Como alternativa al automóvil privado estos sistemas permiten modular la dimensión de los vehículos y adaptarla a los requerimientos de tejidos urbanos en los que la menor densidad de población haga inviable económicamente la implementación de sistemas colectivos de gran capacidad y puede articularse con sistemas de alta capacidad que conecten intercambiadores de transporte distribuidos en las periferias más alejadas con el corazón de la ciudad.

2.4. La ciudad cercana

La idea de la ciudad cercana está asociada a la desilusionante experiencia del carácter monofuncional y carente de calidad que caracteriza a gran parte del espacio urbano contemporáneo. El urbanismo de la proximidad no es nuevo, surgió a principios del siglo pasado como voluntad de orientar el diseño de las nuevas áreas residenciales con algunas de las cualidades de los barrios tradicionales: la primacía del acceso peatonal a los servicios y equipamientos esenciales —empezando por la escuela— y el transporte público. Pero las medidas de restricción de movilidad y distanciamiento social durante la emergencia sanitaria han actualizado esta idea al evidenciar las ventajas de los lugares donde la gente vive suficientemente cerca para acceder peatonalmente a los servicios que necesita y los beneficios colaterales de la reducción de la movilidad: la visible mejora de la calidad del aire y la reducción del ruido. Por otra parte, ha hecho patente el conflicto entre un espacio viario diseñado al servicio del automóvil, las necesidades de la movilidad peatonal y las demandas de las actividades económicas a pie de calle.

El concepto de ciudad de los 15 minutos tiene la capacidad de visibilizar de manera accesible la necesidad de volver a sintonizar las relaciones espacio/tiempo en el proyecto de la ciudad. La ciudad de los 15 minutos reorganiza la distribución del tejido residencial desde la primacía del acceso peatonal de los servicios y equipamientos esenciales —empezando por la escuela— y el transporte público.

Para que funcione el juego entre los dominios público y privado es preciso que la calle, además de elemento generador de la ordenación, continúe desempeñando un papel significativo en cuanto elemento de relación tanto entre las personas como entre las actividades. Una condición necesaria para lograr la animación de la calle es contar con una estructura residencial y de actividades de cierta densidad. Sin embargo, es frecuente constatar que la simplificación de las tipologías de espacios públicos, unida a la carencia de una densidad edificatoria suficiente para garantizar un umbral mínimo de actividad, tienen como consecuencia del abandono de la calle y su transformación en un espacio deteriorado e inseguro.

Adicionalmente, desde esta perspectiva, la mejora de las infraestructuras vitales de la ciudad no solo debe enfocarse de la ampliación de su capacidad, sino en mayor medida de una gestión inteligente del tiempo. El cambio más profundo debe operarse en la renovación de la dialéctica entre las esferas de lo público y lo privado, incorporando la dimensión social y la experiencia temporal al proyecto espacial de la ciudad.

2.5. Renaturalizar la ciudad

Se hace ineludible recuperar la memoria geográfica de la ciudad y reinventar el espacio público como gran argumento de la transformación urbana. La topografía original, los cursos de agua, las cornisas... han quedado con frecuencia eclipsadas en nuestras ciudades por el predominio de la homogenización constructiva y la movilidad. Es necesario promover alternativamente una renaturalización de la ciudad sustentada sobre una infraestructura verde multiescalar que cuide desde la más diminuta esquina de barrio hasta los grandes espacios naturales y rurales de escala regional. En la pequeña escala, esto significa redefinir el papel del espacio público desde nuevos criterios: priorizar el confort y la seguridad peatonal y la vitalidad e intensidad de la calle estimulando la más amplia variedad de actividades.

La vivienda vuelve a estar en el centro del tablero demandando de las Administraciones, emprendedores y profesionales un cambio radical en las actuales políticas de vivienda y suelo. Hace falta, sustentar la renovación de estas políticas en una investigación profunda en los órdenes social, tipológico, constructivo y tecnológico para dar respuestas contemporáneas a las nuevas formas de vida y a las nuevas formas de habitar.

La reinvención de la arquitectura residencial debiera apoyarse, desde esta perspectiva, en tres pilares esenciales:

- El énfasis en las acciones de rehabilitación y regeneración urbana.
- La atención a colectivos de especial vulnerabilidad, en particular facilitar el acceso de los hogares jóvenes a la primera vivienda.
- La innovación en tipologías arquitectónicas y tecnología atendiendo los requerimientos de los nuevos formatos de convivencia e hibridación de usos.

La tarea más prioritaria, pero al tiempo más difícil, es, sin duda, adecuar el parque residencial existente a los nuevos requerimientos sociales y técnicos: adaptación a las necesidades de la población mayor edad y a los requerimientos de eficiencia energética en el ámbito de los inmuebles y la regeneración y revitalización de los barrios en la escala urbana. Es hora de abandonar la ilusión de inventar nuevas ciudades: el 85% de la población europea y de los países desarrollados es ya urbana. Las nuevas ciudades surgirán como transformación de las ciudades que hoy conocemos no de su abandono y refundación.

La política de vivienda es especialmente relevante para una estrategia de equilibrio territorial y estabilidad demográfica en nuestro país. La carestía de vivienda, unida a la precariedad y elevado desempleo juvenil son causas muy determinantes en el retraso en la edad de emancipación y formación de hogares en nuestro país. Como consecuencia, el dramático hundimiento de la natalidad, que no asegura siquiera la reposición de la población, nos condena a largo plazo a una estructura demográfica desequilibrada. Es necesario un plan de choque de primer acceso a vivienda de alquiler destinado a facilitar la formación de hogares jóvenes.

En el orden arquitectónico, es necesario promover la adaptabilidad y variedad de los tipos y tamaños de vivienda para ajustarlos a modelos de familia cada vez más diversos y cambiantes en el tiempo, incorporando el concepto de vivienda progresiva que puede crecer y adaptarse a lo largo del tiempo a la evolución de las necesidades y capacidad económica del usuario.

Finalmente, es necesaria la investigación y la innovación constructiva en todas las fases del proceso de producción residencial, atendiendo, sobre todo a las necesidades de ahorro energético, reducción de emisiones y reciclaje de materiales. Desde criterios que permitan compatibilizar la mayor durabilidad de la vivienda con la actualización tecnológica de las instalaciones.

El alojamiento ha constituido históricamente el objeto de algunas de las mejores investigaciones y experiencias plásticas de la arquitectura desde Movimiento Moderno y es un ámbito privilegiado de convergencia y contraste entre los enfoques y aproximaciones escalares propios del proyecto arquitectónico y urbano. Hoy, además, puede ser expresión de las nuevas formas de habitar y el ámbito privilegiado de materialización de la responsabilidad urbana y ecológica de la arquitectura.

CAPÍTULO VII

EL OPERADOR EN ESPACIOS DE COLIVING

IRENE TRUJILLO
Socia Fundadora y Vicepresidenta COWORD

1. INTRODUCCIÓN

El coliving, o «co-living» en inglés, es una forma moderna de alojamiento temporal que se ha vuelto popular en muchas ciudades alrededor del mundo. Al tratarse de activos inmobiliarios más complejos que un alquiler tradicional, con una carga mayor de gestión, se requiere la figura de un operador.

El coliving surge debido a la evolución de la sociedad:

- Cambio en las necesidades de vivienda y alojamiento, se busca más flexibilidad en la ubicación y en la duración de los contratos.
- Cambio de prioridades hacia la sostenibilidad y la eficiencia.
- Las generaciones más jóvenes se sienten cómodas en un entorno colectivo y necesitan compartir experiencias y vivencias.
- Capacidad para integrar experiencias *online* y *offline* por lo que surgen los entornos inmobiliarios digitales.
- Mayor demanda de modelos todo incluido donde se paga por usar: «*living as a service*».
- Se requiere asistencia 24/7 mediante experiencia digital.
- Mercado cada vez más competitivo y cliente cada vez más exigente.

Este modelo combina la privacidad de los espacios con las áreas comunes y servicios compartidos, promoviendo una comunidad activa y colaborativa. A continuación, se detallan algunas consideraciones clave sobre el coliving:

Diseño y espacio

El diseño de los espacios de coliving es fundamental para su éxito. Debe equilibrar áreas privadas y comunes para satisfacer las necesidades de privacidad y socialización de los residentes. Las habitaciones individuales suelen ser compactas, pero bien equipadas, mientras que las áreas comunes, como cocinas, salones y áreas de trabajo, son amplias y funcionales para fomentar la interacción.

Comunidad y cultura

Una de las principales ventajas del coliving es la creación de una comunidad vibrante. Las empresas de coliving, a menudo organizan eventos y actividades para los residentes, fomentando un sentido de pertenencia y colaboración. La cultura de la comunidad puede variar, desde profesionales jóvenes hasta nómadas digitales, y es importante que los nuevos residentes se sientan alineados con estos valores. Para ello los espacios comunes se comparten y es el lugar ideal donde crear esa comunidad de personas.

Servicios incluidos

Los espacios de coliving suelen incluir una variedad de servicios, como limpieza, Wi-Fi, suministros (electricidad, agua), y en algunos casos, gimnasios, piscinas y espacios de *coworking*. Estos servicios están diseñados para proporcionar comodidad, permitiendo a los residentes concentrarse en sus vidas profesionales y sociales.

Flexibilidad y contratos

A diferencia de los alquileres tradicionales, los espacios de coliving suelen ofrecer contratos más flexibles, que pueden ser mensuales, o incluso semanales. Esta flexibilidad es ideal para personas que necesitan moverse con frecuencia o que buscan una solución de alojamiento temporal.

Costes

El coste del coliving puede ser una consideración importante. Aunque puede parecer más caro que alquilar un apartamento tradicional, es importante considerar los servicios incluidos y el valor de la comunidad.

Para muchos, el coste adicional se compensa con la comodidad del «todo incluido» y las oportunidades de *networking.*

Ubicación

La ubicación de los espacios de coliving es otra consideración crucial. Estos espacios suelen estar situados en áreas urbanas céntricas, cercanas a medios de transporte, zonas comerciales y de entretenimiento, lo que los hace ideales para personas que buscan un estilo de vida dinámico y conectado.

Sostenibilidad

Muchos espacios de coliving se enfocan en la sostenibilidad, implementando prácticas ecológicas como la reducción de residuos, el uso de energías renovables y la promoción de un estilo de vida consciente del medio ambiente. Esto puede ser un atractivo adicional para los residentes preocupados por su impacto ambiental.

Seguridad

La seguridad es una prioridad en los espacios de coliving. Esto incluye tanto la seguridad física, con sistemas de acceso controlado y vigilancia. Las medidas pueden incluir protocolos de limpieza rigurosos y políticas de comportamiento en áreas comunes.

Legalidad y regulación

La regulación del coliving varía según la jurisdicción. Es importante que el edificio y los operadores cumplan con la normativa urbanística y de actividad aplicable en cada caso. Los residentes también deben estar al tanto de sus derechos y responsabilidades al firmar un contrato para residir en un coliving.

Tecnología

La tecnología juega un papel importante en la experiencia del coliving. Desde aplicaciones para la gestión de reservas y pagos hasta plataformas para la interacción comunitaria, la tecnología facilita la vida diaria de los residentes y mejora la gestión de los espacios.

2. IMPORTANCIA DEL OPERADOR EN UN PROYECTO DE COLIVING

En este contexto, el operador del coliving juega un papel crucial en la creación y el mantenimiento de estos espacios. A continuación, se explora la importancia del operador y las características clave que debe poseer para asegurar el éxito de un proyecto de coliving.

Gestión de la propiedad

El operador será el encargado de mantener unos ingresos y una ocupación altos en cada activo. Realizará estudios de mercado para analizar la demanda y ofrecer la oferta adecuada, así como análisis de precios con precios dinámicos según la temporada, ubicación, tipología de habitación y características del edificio.

Mantenimiento

El operador es responsable de la gestión diaria y el mantenimiento del espacio. Esto incluye desde la limpieza y el mantenimiento de las instalaciones hasta la gestión de servicios como Wi-Fi y seguridad. Una gestión eficiente garantiza que los residentes disfruten de un entorno limpio, seguro y funcional.

Creación de Comunidad

Una de las principales diferencias entre el coliving y otras formas de vivienda compartida es el énfasis en la comunidad. El operador organiza eventos, actividades y programas que fomentan la interacción y la colaboración entre los residentes, creando un sentido de pertenencia y apoyo mutuo. Para ello la figura del «*Community Manager*» es esencial, siendo el rol que dinamiza la comunidad, ayudando a la integración de los miembros.

Experiencia del Residente

El operador se encarga de garantizar una excelente experiencia del residente. Esto implica resolver problemas rápidamente, atender las necesidades de los residentes y mantener una comunicación abierta y efectiva. Una buena experiencia del residente aumenta la retención y atrae a nuevos inquilinos.

Marketing y Atracción de Nuevos Residentes

El operador también juega un papel fundamental en el *marketing* del espacio de coliving. Desde la creación de campañas publicitarias hasta la gestión de las redes sociales y la presencia *on line*, el operador es clave para atraer a nuevos residentes y mantener la ocupación del espacio.

Innovación y Adaptabilidad

Los operadores de coliving deben ser innovadores y adaptarse a las cambiantes necesidades del mercado. Esto puede incluir la implementación de nuevas tecnologías, la creación de nuevos tipos de espacios o la oferta de servicios adicionales que mejoren la vida de los residentes.

Servicios a propietarios e inversores

Los operadores de coliving deben mantener una excelente relación con los propietarios de los edificios y con los inversores durante todo el ciclo del proyecto. Las tareas relacionadas con estas funciones son, entre otras, el análisis de viabilidad económica y técnica y la administración de propiedades.

Identidad corporativa y Diseño

Cada operador tendrá sus características de marca propias y su identidad corporativa, que se plasmará tanto en el espacio físico como en el digital y en los servicios que ofrece, así como el público objetivo al que se enfoca. Por tanto, el diseño y construcción de los proyectos, sobre todo referente al interiorismo, podrá estar basado en manuales de diseño propios.

3. CARACTERÍSTICAS CLAVE DEL OPERADOR DE COLIVING

Capacidades de Gestión

Un buen operador debe poseer habilidades sólidas de gestión para coordinar todas las actividades diarias. Esto incluye la gestión del personal, el presupuesto, los suministros y la logística del espacio.

Habilidades Interpersonales

Las habilidades interpersonales son esenciales para interactuar con los residentes y los propietarios y crear un ambiente positivo. Un operador debe ser empático, accesible y capaz de resolver conflictos de manera efectiva.

Conocimiento del Mercado

El operador debe tener un profundo conocimiento del mercado de coliving, incluyendo las tendencias actuales, las necesidades de los residentes y la competencia. Esto le permite adaptar su oferta para satisfacer mejor las demandas del mercado.

Orientación al Cliente

Una orientación al cliente fuerte es crucial para asegurar la satisfacción de los residentes. Esto incluye responder a las consultas y problemas de manera oportuna, personalizar la experiencia del residente y crear un entorno que se sienta como un hogar.

Capacidad para Fomentar la Comunidad

Fomentar la comunidad es una habilidad clave para cualquier operador de coliving. Esto implica organizar eventos, facilitar interacciones entre los residentes y crear un ambiente inclusivo y acogedor.

Competencias Tecnológicas

En un mundo cada vez más digital, los operadores deben estar familiarizados con las tecnologías que pueden mejorar la gestión y la experiencia del coliving. Esto puede incluir el uso de aplicaciones de gestión de propiedades, plataformas de comunicación para residentes y propietarios y sistemas de automatización para la gestión de servicios.

Visión y Estrategia

Un operador exitoso debe tener una visión clara y una estrategia a largo plazo para el espacio de coliving. Esto incluye la planificación de la expansión, la mejora continua de los servicios y la adaptación a las nuevas tendencias del mercado.

4. CONCLUSIÓN

El coliving ofrece una solución innovadora a los desafíos modernos de vivienda, combinando la comodidad de espacios privados, los servicios compartidos con una fuerte sensación de comunidad. Al considerar la posibilidad de vivir en un espacio de coliving, es importante evaluar aspectos como el diseño, la comunidad, los servicios, la flexibilidad del contrato, el coste, la ubicación, la sostenibilidad, la seguridad, la legalidad y la tecnología para asegurarse de que este modelo se adapte a las necesidades y estilo de vida.

El operador de un proyecto de coliving desempeña un papel esencial en el éxito del espacio. Desde la gestión y el mantenimiento hasta la creación de una comunidad vibrante y la garantía de una excelente experiencia para los residentes, el operador es el corazón del coliving. Las características clave de un buen operador incluyen habilidades de gestión, interpersonales, conocimiento del mercado, orientación al cliente, capacidad para fomentar la comunidad, competencias tecnológicas y una visión estratégica. Al elegir un operador adecuado, los proyectos de coliving pueden prosperar, ofreciendo a los residentes una forma de vida moderna, conectada y satisfactoria.

CAPÍTULO VIII

MODELOS DE NEGOCIO OPERATIVO

Marino Laso
Senior Marketing Manager GREYSTAR

1. INTRODUCCIÓN

En los últimos años el sector se enfrenta a un doble reto: por una parte, debe abordar el fuerte desequilibrio que existe entre oferta y demanda de viviendas en nuestro país al tiempo que tiene que dar respuesta a las necesidades de un perfil de inquilino mucho más exigente y concienciado que reclama soluciones personalizadas en línea con un entorno mucho más flexible y de incertidumbre.

En relación con la primera derivada del dilema, España ha experimentado una preocupante escasez de oferta de vivienda, un fenómeno que afecta a millones de personas y que tensiona muchas zonas de nuestro país. Este problema, que se agrava especialmente en las grandes ciudades como Madrid y Barcelona, tiene raíces profundas y múltiples factores que contribuyen a su persistencia.

Por otra parte, tras el impacto de la pandemia se ha erigido un perfil de ciudadano mucho más exigente que precisa de soluciones habitacionales mucho más flexibles que puedan adaptarse a un contexto de cambio constante y que estén en línea con los máximos niveles de sostenibilidad, calidad y experiencia de usuario.

Ante esta situación, surge el flex-living, que emerge como una solución innovadora que se adapta a las cambiantes necesidades y estilos de vida de las personas. Este modelo combina flexibilidad, conveniencia y comunidad, con el objeto de proporcionar a los residentes una mayor libertad y adaptabilidad en su experiencia residencial. Este concepto se basa en la idea de ofrecer espacios habitacionales que pueden ajustarse rápidamente a las necesidades individuales, ya sea a corto, mediano o largo plazo, sin los compromisos tradicionales asociados con el alquiler tradicional.

2. EL GRAN POTENCIAL DEL FLEX-LIVING

El gran potencial del flex-living reside en su visión innovadora de modelo de alojamiento que integra espacios privados con áreas comunes compartidas, diseñado específicamente para promover la interacción social y el sentido de comunidad entre los residentes. Esta modalidad ha ganado una notable popularidad, particularmente entre jóvenes profesionales, nómadas digitales y personas que buscan una forma de vida más conectada y menos aislada.

A diferencia de los modelos de vivienda tradicionales, en los cuales los individuos o familias alquilan propiedades individuales, el flex-living se enfoca en la cultura de compartir experiencias y crear comunidad. Este enfoque no solo da respuesta a una necesidad hasta entonces no satisfecha, sino que también ofrece una enriquecedora dinámica social. Al compartir áreas comunes como cocinas, salas de estar y espacios de *coworking*, los residentes tienen la oportunidad de interactuar y colaborar de manera más constante y significativa.

Este modelo responde a los reclamos de una sociedad cada vez más móvil y digital, ofreciendo soluciones habitacionales flexibles que se adaptan a estilos de vida dinámicos y cambiantes. El flex-living redefine la convivencia urbana, proporcionando un equilibrio perfecto entre privacidad y comunidad, y convirtiéndose en una opción atractiva y sostenible para quienes buscan una vida conectada y colaborativa.

3. FLEX-LIVING *VS.* OTROS MODELOS HABITACIONALES

Alquiler Tradicional

En los modelos de vivienda tradicional, las opciones más comunes son el alquiler o la compra de casas o apartamentos. Estas opciones, aunque ofrecen privacidad y autonomía, pueden resultar costosas y aisladas. Los altos costes de adquisición o alquiler, la falta de oferta, junto con los gastos adicionales como mantenimiento, servicios públicos y mobiliario, pueden ser prohibitivos para muchos, especialmente para jóvenes profesionales o personas que se están estableciendo en una nueva ciudad.

Residencias estudiantiles

Las residencias de estudiantes ofrecen una interesante alternativa para un momento vital concreto, como es la etapa universitaria. Este modelo se enfoca en la proximidad a los centros educativos, así como a vivir la experiencia de vida comunitaria y compartir espacios con otros estudiantes. Suelen ser una opción viable durante el período académico y además, este modelo normalmente se circunscribe al alquiler habitacional y no a alojamientos en su totalidad.

Coliving

El coliving es un modelo de alojamiento urbano compartido que se centra en la vida comunitaria, donde los residentes tienen sus propios espacios privados, pero comparten extensas áreas comunes y responsabilidades de gestión. Aunque ciertos principios coinciden con el flex-living, este se suele promover sobre suelo de uso residencial en espacios pequeños y por regla general requiere un compromiso a largo plazo y un nivel de involucramiento en la gestión comunitaria que puede no ser atractivo para todos.

Senior living

El senior living se identifica con una nueva tendencia inmobiliaria que se plantea como alternativa al modelo tradicional de la residencia de personas mayores. Este modelo se centra, por tanto, en las personas independientes y mayores de 65 años que deseen convivir con más personas de su edad. Todo ello, bajo un modelo que ofrece una amplia gama de servicios adaptados a sus necesidades.

4. EL PERFIL DE USUARIO DE SOLUCIONES FLEX-LIVING

El perfil de público objetivo de los alojamientos flexibles abarca a cualquier perfil de usuario que precise o desee acceder a una mayor flexibilidad y calidad en sus experiencias en relación con el alojamiento.

Además, el concepto de flex-living también es muy interesante para aquellos trabajadores que necesiten desplazarse y disponer de una estancia por un período de tiempo determinado en un espacio que disponga de la mejor calidad, zonas comunes, áreas de trabajo y una comunidad afín con la que poder interactuar. Destacan entre estos perfiles profesionales los nómadas digitales, los oficios caracterizados por su rotación, como médicos, bomberos o policías, o aquellos trabajadores que necesitan desplazarse geográficamente para llevar a cabo determinados proyectos o actividades.

Asimismo, más allá de los perfiles profesionales, el modelo de flex-living puede ser interesante para, por ejemplo, personas divorciadas, personas mayores que necesiten pasar temporadas cerca de su núcleo familiar o personas que estén realizando obras en su vivienda y no puedan hacer uso de ella, entre otras situaciones.

5. FLEX-LIVING: UNA MULTITUD DE VENTAJAS PARA EL RESIDENTE

El flex-living se distingue por varios elementos que lo hacen particularmente atractivo para sus residentes:

Flexibilidad

Una de las principales ventajas es la flexibilidad en términos de temporalidad. A diferencia de los contratos de alquiler tradicionales, que pueden exigir compromisos de uno o varios años, el flex-living a menudo ofrece contratos más cortos y flexibles, lo que es ideal para personas que necesitan movilidad, como nómadas digitales, viajeros frecuentes o personas en etapas de transición en sus vidas.

Creación de comunidad

El flex-living fomenta un ambiente de comunidad y *networking*, proporcionando oportunidades para que los residentes interactúen y colaboren. A través del profundo conocimiento de los clientes, se fomenta este sentido de comunidad, que puede ser muy beneficioso tanto a nivel personal como profesional, especialmente para aquellos que buscan construir redes de contactos en una nueva ciudad o en su campo laboral.

Servicios Incluidos

Muchos espacios ofrecen una variedad de servicios incluidos que mejoran la calidad de vida de los residentes. Estos pueden incluir gimnasios, áreas de *coworking*, oferta de restauración, espacios para eventos privados, sociales y profesionales, servicios de hotel como limpieza, seguridad o mantenimiento en los edificios, entre otros. Estos elementos no solo añaden valor, sino que también simplifican la vida diaria de los residentes.

Ubicaciones privilegiadas

Los espacios suelen estar situados en áreas urbanas estratégicas, cerca de centros de negocios, transporte público y servicios esenciales. Esta conveniencia geográfica es un gran atractivo para aquellos que buscan reducir tiempos de desplazamiento y vivir en el corazón de la ciudad.

6. FLEX-LIVING: BENEFICIOS PARA LA SOCIEDAD

Una de las patas sobre las que se asienta el modelo flex-living es en el impacto positivo y en la contribución a la economía local y al tejido social. Este tipo de proyectos son dinamizadores para las localidades donde se asientan y para sus alrededores, generando un impacto social favorable de forma tanto directa como indirecta.

Así, los proyectos de flex-living generan empleo local para cubrir los puestos de trabajo, vacantes y sustituciones, así como servicios auxiliares, que necesita cubrir el complejo de alojamientos flexibles.

Por otra parte, este modelo de alojamiento cumple otra función esencial como es la de destensar el mercado de la vivienda en ciudades en las que la oferta de viviendas es muy inferior a la demanda existente. Por tanto, las soluciones flex-living pueden complementar y ayudar a aumentar la oferta de alojamientos disponible.

7. RETOS DEL FLEX-LIVING

A pesar del floreciente mercado que supone el flex-living, esta nueva tendencia también enfrenta retos de cara al futuro. El principal desafío reside en continuar dando visibilidad y conciencia sobre las ventajas y características que tiene esta nueva solución residencial en un país como España donde no podemos olvidar que históricamente la compra de viviendas tiene un peso muy importante.

Por tanto, a pesar de que el modelo de flex-living se encuentra en plena expansión todavía queda camino por recorrer para abrir al conjunto de ciudadanos esta solución de alojamientos flexibles.

8. ESTRUCTURA OPERATIVA DE LOS MODELOS DE FLEX-LIVING

La gestión de propiedades de flex-living requiere una estructura operativa bien definida para garantizar una experiencia de alta calidad para los residentes. A continuación, se describen los componentes clave de esta estructura operativa:

Gestión de Propiedades

Los operadores son responsables de la gestión diaria de las propiedades, lo que incluye el mantenimiento, la limpieza, la seguridad y la gestión de servicios. Esto implica una coordinación eficiente para asegurar que todos los aspectos operativos funcionen sin problemas y los residentes estén satisfechos.

Servicios Incluidos

Además del alojamiento, los espacios de ofrecen una gama de servicios incluidos para mejorar la experiencia del residente. Estos pueden incluir:

- **Limpieza y Mantenimiento**: Servicios regulares de limpieza y mantenimiento para asegurar que los espacios estén siempre en óptimas condiciones.
- **Actividades y Eventos**: Organización de eventos sociales, talleres y actividades recreativas para fomentar la interacción y el sentido de comunidad.
- ***Coworking* y Espacios de Trabajo**: Áreas dedicadas al trabajo, equipadas con internet de alta velocidad y otras facilidades, para aquellos que trabajan de forma remota o necesitan un espacio de trabajo profesional.
- **Bienestar y *Fitness***: Gimnasios, clases de yoga, meditación y otras actividades orientadas al bienestar físico y mental.

Tecnología y Experiencia del Residente

La tecnología juega un papel crucial en la gestión eficiente de los espacios y en la mejora de la experiencia del residente. Algunas de las tecnologías empleadas incluyen:

- **Plataformas de Gestión**: *Software* para la gestión de reservas, pagos, mantenimiento y comunicación con los residentes.
- **Aplicaciones Móviles**: Aplicaciones que permiten a los residentes gestionar sus reservas, acceder a servicios adicionales, comunicarse con otros residentes y mantenerse informados sobre eventos y actividades.
- **Domótica**: Integración de tecnología inteligente en los espacios, como sistemas de iluminación y climatización automatizados,

cerraduras inteligentes y control de acceso, para mejorar la comodidad y la seguridad.

- **Redes Sociales Internas**: Plataformas digitales internas que facilitan la comunicación y la interacción entre los residentes, promoviendo una comunidad más cohesionada.

9. CONCLUSIÓN

El flex-living se presenta como una alternativa atractiva y viable a los modelos tradicionales, ofreciendo flexibilidad, economía, comunidad y conveniencia. Sus beneficios y ventajas son numerosos, desde la promoción de la sostenibilidad hasta la mejora del bienestar social y la participación activa en una comunidad afín con la que poder compartir experiencias. La estructura operativa de los espacios de flex-living, apoyada por tecnologías avanzadas y una gestión eficiente, asegura una experiencia de alta calidad para los residentes.

En un mundo donde las dinámicas de la vida urbana y las necesidades residenciales están en constante cambio, el flex-living representa una solución innovadora y adaptada a los tiempos actuales. Por ello, ante el panorama futuro que se vislumbra y el actual desafío que supone acceder a una vivienda en alquiler en las principales ciudades, propuestas como el flex-living emergen como soluciones fundamentales para atender una necesidad social que es cada vez más apremiante.

Hablamos de un modelo de negocio que da respuesta a un amplio abanico de necesidades del ciudadano. Todas ellas caracterizadas por una gestión profesionalizada en la que se tiene un profundo conocimiento de las necesidades de las personas que van a residir en el inmueble con una propuesta de valor añadido en la que prima la experiencia del ocupante para dar respuesta a nuevos hábitos surgidos tras la pandemia, como el teletrabajo, o la necesidad de espacios al aire libre y zonas comunes donde compartir y crear comunidades.

Desde Greystar hemos tomado medidas significativas a partir del surgimiento de este nuevo perfil de cliente y, en este sentido, trabajamos para crear hogares asequibles teniendo en cuenta todas las necesidades de los residentes desde familias multifamiliares, profesionales jóvenes o alojamiento estudiantil, facilitando diferentes niveles de comodidades, flexibilidad y precio.

Para abordar la escasez de viviendas asequibles en España, en Greystar hemos lanzado las primeras comunidades de alojamientos flexibles en España bajo nuestra marca Be Casa: Be Casa Rivas en 2022; Be Casa Valdebebas y Be Casa San Sebastián de los Reyes en 2023. Estos tres proyectos ofrecen más de 2.500 apartamentos de alojamiento flexible en el mercado de Madrid, dirigidos a un grupo de clientes que no estaban siendo atendidos adecuadamente. Be Casa, concebida a partir de un profundo conocimiento de las necesidades de los clientes, ofrece un servicio de calidad *on site*, amplias áreas comunes y servicios incluidos, diferenciándose así del alquiler tradicional y donde compartir experiencias con una comunidad afín tiene una gran importancia.

No podemos olvidar que el mercado demanda no solo una mayor oferta de alojamientos, sino también un producto diseñado para satisfacer las nuevas necesidades de los usuarios mucho más exigentes. Es por eso que en Greystar buscamos responder a estas demandas, proporcionando una mayor flexibilidad, espacios que equilibren la privacidad con el aire libre, y zonas comunes adaptadas para el trabajo, el ocio y el descanso, fomentando así la creación de comunidad.

CAPÍTULO IX

ASPECTOS DEL DISEÑO ARQUITECTÓNICO Y SOSTENIBILIDAD DEL COLIVING

José María G. Romojaro
Dir. Arquitectura AEDAS HOMES

El objetivo de este capítulo es establecer las bases para el desarrollo de proyectos arquitectónicos orientados a la persecución de espacios de Flex Living de calidad que respondan a las demandas y necesidades de los futuros usuarios.

Esta apuesta por la arquitectura de calidad es, por un lado, un compromiso social, capaz de proponer nuevas formas de vida junto con el cumplimiento de las más estrictas exigencias medioambientales; y por otro, un compromiso con la ciudad, ya que se está contribuyendo con buenos edificios, siempre integrados en su entorno urbano, creando espacios urbanos reconocibles por los ciudadanos.

El Flex Living requiere de una arquitectura muy específica que exige una clara diferenciación entre los espacios privativos y los espacios comunitarios, y la relación entre ellos. Establecer las características arquitectónicas de estos espacios dependerá de variados de factores determinantes como lo pueden ser si se trata de obra de nueva planta o de rehabilitación, de su localización (zona urbana, extrarradio, rural o zona costera), del público al que vaya dirigido, o incluso de los propios estándares establecidos por el operador en su plan de negocio.

Sin embargo, y de forma general, podemos destacar como aspectos de diseño arquitectónico y sostenibilidad comunes en los espacios de Flex Living los siguientes:

1. ESPACIOS COMPARTIDOS

El Flex Living se basa en la idea de crear espacios compartidos que fomenten la interacción y el sentido de comunidad entre los residentes. Estos espacios suelen incluir cocinas comunes, lavandería, salas de estar, comedores, áreas de trabajo, gimnasios y áreas de recreación. El diseño de estos espacios, como lugares de convivencia entre los usuarios, debe ser acogedor, funcional y flexible, permitiendo diferentes usos y adaptaciones según las necesidades de los residentes.

Fuente: Allford Hall Monaghan Morris architects_©Rob Parrish.

2. PRIVACIDAD Y ÁREAS INDIVIDUALES

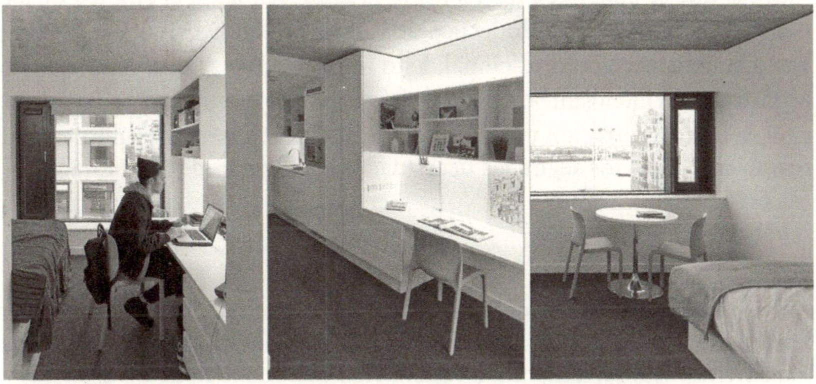

FUENTE: Allford Hall Monaghan Morris architects_©Rob Parrish.

Aunque el Flex Living se centra en el concepto de compartir espacios, también es importante proporcionar áreas privadas para los residentes. Esto puede incluir habitaciones amuebladas individuales o compartidas, cada una con su propio baño y áreas de almacenamiento personal. El diseño debe equilibrar la necesidad de privacidad con la creación de áreas comunes atractivas.

3. CONSTRUCCIÓN INDUSTRIALIZADA

FUENTE: Allford Hall Monaghan Morris architects_©Rob Parrish.

Para la creación de espacios modulares, sumables entre sí y con tabiques móviles que se adapten a los espacios es imprescindible el empleo de los denominados Métodos Modernos de Construcción (MMC) que sustituyan a la construcción tradicional. Esto implica adoptar una estrategia de «construcción inteligente», de fabricación modular que incluye la digitalización, la industrialización y la adopción de prácticas sostenibles que permita reconvertir espacios según las necesidades cambiantes de sus moradores.

4. CALIDADES

Las calidades se refieren a los recursos, elementos, infraestructuras, acabados e instalaciones adecuadas a las nuevas formas de habitar de los Flex Living, esto es, teniendo en cuenta la funcionalidad de los espacios y la rotación de personas en períodos cortos y medios. Se tendrá en cuenta la intensidad de uso para el fácil mantenimiento, limpieza, reparaciones, etc.

FUENTE: Allford Hall Monaghan Morris architects_©Rob Parrish.

5. SALUBRIDAD

FUENTE: Allford Hall Monaghan Morris architects_©Rob Parrish.

Los Flex Living deben estar diseñados como espacios saludables con el objetivo de fomentar el confort, el bienestar y la mejora de la calidad de vida de las personas, independientemente de su momento vital y de sus capacidades motrices, físicas y sensoriales.

Se promoverá una **ventilación** continua para obtener una óptima calidad del aire. Esto es, un aire fresco, limpio, renovado y libre de olores mediante la incorporación de ventilación cruzada por procedimientos pasivos o sistemas de ventilación mecánica higrorregulable de doble flujo. Una buena ventilación reduce la humedad ambiental y elimina agentes contaminantes volátiles como monóxido de carbono, pesticidas, etc.

Se promoverá el empleo de sistemas de purificación para mejorar la **calidad del agua** potable junto con tuberías realizadas con materiales que no contaminen durante su recorrido.

Se promoverán **condiciones de humedad**, **temperatura** y de **movimiento del aire** suficientemente agradable y adecuado a la actividad que se realiza en su interior. Como objetivo lograr la comodidad higrotérmica mediante la ausencia de malestar térmico. Evitar que intervengan los mecanismos termorreguladores del cuerpo para la actividad sedentaria y con una indumentaria ligera.

Se promoverá el establecimiento de límites de **nivel sonoro** para reducir la intrusión de ruidos tanto del exterior como desde dentro de cada uno de los espacios, sean privativos o comunitarios. El ruido exterior perturba, a menudo, el descanso, especialmente en las ciudades, y puede repercutir negativamente en nuestra salud.

Se promoverá el mejor diseño de las ventanas para optimizar la **luz natural** y minimizar el deslumbramiento y el calor térmico. La luz natural reduce la necesidad de luz eléctrica, incrementa la productividad y reduce el estrés. La entrada de luz natural tiene un impacto directo en nuestro reloj biológico, es una fuente de salud para las personas.

FUENTE: Allford Hall Monaghan Morris architects_©Rob Parrish.

Se promoverá la conexión neurobiológica con la **naturaleza** para el disfrute de elementos naturales en el interior o a través de ventanas. Importancia del diseño de los espacios exteriores y semi-exteriores vinculados a los espacios Flex Living (jardines, patios, porches, terrazas ecológicas, etc.), que favorecen el contacto con la vegetación y la naturaleza.

Se incentivará la creación de espacios donde realizar actividad deportiva y de relación social para el mejor mantenimiento de la forma física y psíquica.

6. DISEÑO DE ESPACIOS SEGUROS, INCLUSIVOS Y ACCESIBLES

FUENTE: Allford Hall Monaghan Morris architects_©Rob Parrish.

Es fundamental considerar la accesibilidad y el diseño inclusivo al crear espacios de Flex Living. El concepto de Accesibilidad Universal, o, de otra manera, el Diseño para Todos, implica adoptar medidas dirigidas en mejorar la calidad de vida de todas las personas a través de un diseño orientado hacia la diversidad de usuarios, en el sentido de que cualquier persona pueda disponer y utilizar con confort y seguridad los entornos, los servicios y productos en igualdad de condiciones que los demás.

Debe entenderse la Accesibilidad Universal como una forma de aceptación de la pluralidad humana y el derecho de quienes tienen cualquier tipo de limitación a disfrutar de la misma calidad de vida que cualquier otra persona. Por tanto, se tendrán en cuenta no solo los requerimientos de las personas con alguna discapacidad, sino también las diferentes necesidades que pueden darse en una variedad de situaciones personales (como el envejecimiento, mujeres embarazadas, desplazamientos con el carrito del niño, desplazamientos con objetos pesados o voluminosos, etc.) y que afectan a multitud de personas que no tienen ninguna discapacidad.

Es un modelo de diseño basado en la heterogeneidad humana, la inclusión social y la igualdad que se sustenta en siete principios: Uso Equitativo, Uso Flexible, Uso Simple e Intuitivo, Información Perceptible, Tolerancia al Error, Mínimo Esfuerzo Físico y Adecuado Tamaño de Aproximación y Uso.

Por otro lado, los espacios Flex Living deben diseñarse de tal forma que pueda garantizarse la integridad y salud de las personas teniendo en cuenta no solo los aspectos formales, funcionales y constructivos, sino también aquellos que generan sensación de protección y confianza.

Para ello se promoverán unas condiciones de seguridad apropiadas. Los espacios deben contar con dispositivos de protección (contra el intrusismo, alarmas de humos e incendios, sondas de CO_2, protectores anticaídas, instalaciones de luz y gas seguras, etc.), y se deben tomar medidas para reducir el riesgo de sufrir traumatismos involuntarios.

7. SOSTENIBILIDAD Y EFICIENCIA ENERGÉTICA

Es primordial la aplicación del **Ecodiseño o diseño sostenible** en los espacios Flex Living siguiendo los criterios de la Economía Circular para hacer frente a desafíos globales como el cambio climático, la pérdida de biodiversidad, los residuos y la contaminación.

Un diseño que se respalda en una transición hacia energías y materiales renovables y que se desvincula del consumo de recursos finitos.

La planificación y el diseño son una de las etapas fundamentales donde se toman decisiones que van a condicionar todo el proceso constructivo y desde donde se va a determinar o no la aplicación de muchas de las medidas que en materia de economía circular se pueden llegar a tomar.

Destacamos como principios básicos del **Diseño «Circular»** o Ecodiseño los siguientes:

— Conceptos de arquitectura bioclimática. Consideración de las condiciones climáticas del entorno en que se construye el edificio.

FUENTE: Allford Hall Monaghan Morris architects_©Rob Parrish.

- Diseño pensado para una demolición selectiva o desmontaje para una mayor reutilización y reciclado de componentes. Usando uniones mecánicas sobre las adheridas. Construcción seca pensada para ser ensamblada.
- Prima el diseño modular, lo que facilita el proceso de montaje y, además permite la posibilidad de realizar cambios o reparaciones en cualquiera de las partes o componentes.
- Alta durabilidad y calidad de los materiales de construcción. Resilientes a cambio de usos, cambio climático, etc., pensando en la obsolescencia física, económica, funcional, tecnológica, social y legal que aparecerán en fase de uso o de explotación del edificio.
- Disminución del mantenimiento, explotación y uso de los edificios.
- Uso de materiales y su impacto ambiental. Utilización de materiales ecológicos desde la etapa de diseño se prevea su reciclaje o reutilización. Contenido reciclado de los materiales de construcción.
- Disminución de residuos y emisiones. Gestión de residuos de construcción, vida útil y demolición.
- Optimización energética. Se debe procurar reducir el consumo y utilizar al máximo posible energías renovables buscando la autosuficiencia y el autoconsumo.
- Reducción del consumo total de energía en procesos de fabricación, construcción y uso.
- Gestión eficiente del agua. Recurso finito, pero renovable cuando se controla cuidadosamente su uso, tratamiento, liberación y circulación.
- Sistemas de automatización y gestión ambiental. Tecnificación de viviendas. Sistemas domóticos para la gestión de la energía.
- Intensidad de uso de los edificios: flexibilidad, resiliencia, posibilidad de cambio de tipología y uso, grado de ocupación del espacio, etc.

8. DIGITALIZACIÓN

La digitalización del diseño arquitectónico permitirá mejorar y optimizar los procesos de construcción, de planificación y diseño, gestión, construcción y mantenimiento de los espacios Flex Living.

Este modelo de parametrización digital no solo contiene datos arquitectónicos, sino también toda la información interna del edificio (ingeniería, estructuras, conductos y tuberías de los sistemas, etc., incluso datos sobre su sostenibilidad).

Para este trabajo cooperativo entre profesionales y durante toda la cadena de valor será de mucha ayuda el empleo de la **metodología BIM** ya que permite la realización y gestión de proyectos de edificación a través de una maqueta virtual que conforma una gran base de datos que permite gestionar todos y cada uno de los elementos que forman parte de los espacios Flex Living durante todo su ciclo de vida.

9. TECNOLOGÍA Y CONECTIVIDAD

Los espacios de Flex Living deben ofrecer una tecnología de vanguardia y una infraestructura de conectividad sólida. Esto incluye acceso a Internet de alta velocidad, sistemas de seguridad avanzados, automatización del hogar y aplicaciones móviles para facilitar la comunicación entre los residentes y la gestión del espacio:

— **Espacios inteligentes** que apuestan por las innovaciones tecnológicas para utilizarlas en el beneficio de las personas controlando, entre otros, los sistemas de seguridad, energía y comunicaciones y automatizando las actividades mediante el uso de la domótica.
— **La Inteligencia Artificial** al servicio de la experiencia de los usuarios mediante la optimización de los espacios, la coordinación de los recursos y la mejora de las instalaciones, en definitiva, para la realización de una gestión integral de todos los servicios.

Y, cómo no, aprovechar las posibilidades que ofrece **el Internet de las Cosas** que permite a través de diversos sensores, tecnologías ponibles (*wereables*) y dispositivos inteligentes, conectar máquinas y personas, recopilar datos y permitir controlar los productos a distancia y realizar una trazabilidad integra de los materiales para conocer su estado y situación en cada momento, lo que ayuda a saber cuándo hace falta desmontarlos, repararlos, reprocesarlos o reemplazarlos.

10. DISEÑO INTERIOR

Más allá de delimitar un espacio, la arquitectura tiene la importante finalidad de crear un marco, un escenario para nuestras vidas. La influencia del entorno construido en las personas nos permite tratar el espacio como la mejor herramienta para mejorar la calidad de vida, el bienestar y la felicidad. Es por ello por lo que, dentro de los aspectos arquitectónicos de los Flex Living, cobra una vital importancia el **Diseño Interior** de los espacios.

FUENTE: Allford Hall Monaghan Morris architects_©Rob Parrish.

El objetivo es lograr un diseño integral de la arquitectura y el interiorismo con un equilibrio perfecto entre funcionalidad y estética. Factores como los colores, las formas y proporciones del espacio, la altura de techos, la iluminación artificial, el mobiliario, el contacto con la naturaleza, etc., constituyen las herramientas para la creación de ambientes únicos para favorecer, en su interacción con los usuarios finales, un impacto emocional positivo en las personas.

Otro aspecto para destacar en los Flex Living es el **equipamiento del mobiliario** que siempre debe acompañar en las actividades cotidianas e intervenir en la relación entre las personas. Los muebles modulares y las soluciones de almacenamiento inteligentes son características comunes en el diseño de Flex Living. También lo son la adaptabilidad y la multifuncionalidad para que sean adecuadas a las necesidades cambiantes de sus ocupantes.

El diseño del mobiliario en los Flex Living no solo debe contribuir a organizar los espacios, sino que también a crear estilo e imagen de marca con materiales sostenibles, resistentes y correctamente integrados en los ambientes.

FUENTE: Allford Hall Monaghan Morris architects_©Rob Parrish.

Existen **10 principios básicos** de diseño que ayudan a centrar la ambición y la estrategia de un proyecto, son los siguientes:

Fuente: Allford Hall Monaghan Morris architects.

CAPÍTULO X

ESG. UNA RESPONSABILIDAD COMPARTIDA DESDE LA MIRADA DE UN ARQUITECTO

José Antonio Granero
Arquitecto. Socio-Fundador ENTREABIERTO

Recuerdo aquella historia hace mucho tiempo,
en que un peregrino junto la a obra de una catedral
se encontraba un grupo de maestros canteros que,
cincel en mano trabajaban la piedra.
Preguntando a varios ¿qué hacían?, le respondían,
unos quejosos, que estaban picando piedra al sol
y otros, obedeciendo órdenes
para llevar sustento a sus casas;
así varios hasta que el último,
alzando la cabeza orgulloso le respondía:

¿No lo ves? Construyendo una catedral.

Y nosotros ¿qué cantero somos?
El que se queja de la situación que tiene,
pero no hace nada para cambiarla,
el que se resigna, aunque no sea la tarea
que le guste desempeñar,
o bien el que ve con claridad
que forma parte de un proyecto
más grande que su pequeño ombligo.

COSAS DE CASAS... PENSANDO UNA NUEVA FORMA DE HABITAR

Una responsabilidad compartida desde la mirada de un arquitecto

«*El futuro ya está aquí...*», decía una canción de Radio Futura en los 80, sobre gente enamorada de la moda juvenil. Y vamos a hablar de jóvenes y mayores. Han pasado 40 años y en el inmobiliario aún no nos lo hemos creído.

La crisis sanitaria nos hizo conscientes de la importancia del entorno construido en la calidad de vida. El 90% de nuestra vida lo pasamos en un entorno construido, con mayor impacto en nuestro bienestar que, por ejemplo, la genética, el estilo de vida o incluso el sistema sanitario. La vivienda constituye un factor determinante de la calidad de vida, junto a indicadores como el bienestar físico, emocional y material, o las relaciones personales y la socialización con amigos, vecinos y familia.

La casa es mucho más que el espacio que lo define, que la pura construcción física. Es el lugar de habitar, que viene de tener hábitos, el lugar de la vida, de las acciones cotidianas. La casa debe garantizarnos la dimensión íntima del confort, ligado a la belleza, la armonía y, por tanto, también a la salud en toda su extensión, y por otro lado, la dimensión social de relaciones, de identidad y representación. Son las categorías de lo íntimo y lo social, que deben estar equilibradas.

La arquitectura crea espacios que conforman nuestras conductas y la casa es motivadora de una forma de vida. Hay una serie de condiciones que tienen que ver con el espacio, el orden, la luz y la ventilación o la relación con la naturaleza. Vivir y trabajar en entornos agradables, limpios y saludables, nos hace mejores y, sobre todo hace esos espacios más deseables y atractivos, lo que también resulta clave en el posicionamiento de esos edificios en el mercado en un futuro cercano.

Todavía una mayoría de las casas que proyectamos y habitamos siguen respondiendo a patrones antiguos de familia y de formas de vida. En arquitectura todo debe cumplir una función y la emoción es también una función. A las razones que convencen debe unirse las emociones que deciden y ese es uno de los retos de la arquitectura, tanto en la nueva construcción como en la rehabilitación y reforma del patrimonio edificado. Hagamos las casas que queremos para vivir.

Pero no hay un modelo único u óptimo. Históricamente la casa tenía voluntad de permanencia, de acompañarnos en nuestra vida. Hoy nuevas formas de vida y modelos familiares, la movilidad laboral o el teletrabajo, junto al deseo de vivir experiencias, han hecho que surja un mayor desapego a la propiedad para toda la vida y muchas personas busquen espacios y servicios que, según el momento de su vida y el lugar deseado, se adapten a sus necesidades.

Eso se consigue con espacios flexibles, alejados de la forma determinante del estuche de violín, que no admite una flauta o una guitarra. Un contenedor que, sin renunciar al carácter de identidad o personalidad, sea respetuoso con el entorno y capaz de adaptarse en el tiempo a diferentes formas de vida y ocupantes, que la harán suya de muchas maneras.

Son muchos los factores que conducen a una dinámica de transformación en la oferta residencial. La respuesta no puede venir solo de las políticas públicas y las Administraciones, y menos de una oferta homogénea de tipologías y modelos de vivienda tradicionales. Tenemos un sector inmobiliario renovado y profesionalizado que, además del control económico y financiero, está comprometido con valores de transparencia, sostenibilidad y responsabilidad social, cultural y medioambiental, que ha incorporado en su lenguaje términos como profesionalización, nuevas tecnologías, experiencia de cliente y personalización.

Ha llegado el momento de una transformación total que precisa de innovación. Diseños que atiendan a las nuevas formas de habitar, procesos colaborativos y un marco regulatorio flexible que responda a un mundo cambiante. La innovación es creatividad aplicada que aporta valor. Pero no existe aisladamente, surge de la confluencia y colaboración. Es contagiosa, necesita un entorno nutritivo y un mecenas, un promotor.

La innovación en la arquitectura residencial venía de la mano de los arquitectos, que tenemos la responsabilidad de proyectar lo que tiene que ver con la habitabilidad de las personas, participamos en la creación de los escenarios de nuestra vida, pero además somos constructores de experiencias, de identidad y de emociones, que van desde la esfera íntima a la social, de lo privado a lo público.

El término «proyectar» tiene que ver con preguntar y escuchar; es ponerse en el lugar de quien la va a vivir. Y dedicar el tiempo necesario en el proyecto, para encontrar el buen camino con el cliente. En el fondo, la casa debe responder a cómo queremos vivir y cómo queremos que nos vean.

Esa **innovación** e investigación se producía en dos extremos; en la vivienda de lujo que permite investigar espacios y materiales, o en la experimentación de tipologías y soluciones eficientes en espacio y coste para satisfacer la vivienda social. Hoy quienes demandan esa necesidad de innovación vienen de dos marcos de población extraordinariamente interesantes y que la oferta residencial no atiende: Son en un extremo los jóvenes y nómadas digitales, en busca de su primer alojamiento para independizarse o *singles* en un cambio de vida, y en el otro extremo los seniors.

En la complejidad del desarrollo inmobiliario esa transformación de la oferta residencial para atender la diversidad de demanda de una nueva sociedad, solo puede venir del trabajo coordinado de empresas y profesionales en colaboración con las Administraciones Públicas en un entorno de confianza. Es un trabajo de todo el sector, y tanto promotores, como profesionales y la industria debemos trabajar juntos para generar una demanda más exigente y una nueva oferta de calidad.

Se trata de generar un nuevo marco regulatorio que permita, con la participación de profesionales de las distintas disciplinas que van de lo técnico a lo jurídico, de lo financiero a lo comercial, otra forma de hacer ciudad y la creación de nuevos tipos y modelos de vivienda que ya se han ensayado y desarrollado en el entorno internacional, con medidas que pueden contribuir a favorecer este desarrollo en beneficio de todos.

Este libro aborda dos palabras claves FLEXIBILIDAD y VIVIENDA. Trata de ese nuevo mundo de viviendas flexibles, con unos espacios y servicios que responden a la esfera de lo íntimo y privado y otros compartidos que responden la esfera de lo social. La flexibilidad es ya el objetivo de cualquier empresa con el fin de adaptarse a un mundo incierto y cambiante. Entre otras cosas hemos descubierto la importancia de estar juntos, de lo terrible de la soledad no deseada y que compartir, además de ser rentable económicamente, lo es social y emocionalmente.

Se han abordado términos como ***Coliving*** o ***Senior Housing*** desde diferentes ópticas y disciplinas a lo largo de este libro. Desde la arquitectura podemos poner sobre la mesa elementos para un desarrollo de calidad que permita una alternativa habitacional de extraordinario valor, social, cultural y económico, y también urbano con relación al medioambiente, de respeto al entorno y en la construcción de un patrimonio arquitectónico de calidad.

Los objetivos en materia de ESG (*Environmental, Social and Governance*) tienen cada vez más relevancia, y la S de social, incluye fomentar la salud y el bienestar. La arquitectura está al servicio de las personas, de manera que debe contribuir al bienestar y, por tanto, a la salud, física y emocional de quien la habita.

Vamos a ver de forma separada el modelo de ***Coliving*** del ***Senior Housing***, pues se dirigen a un cliente con necesidades diferentes, aunque comparten algunos valores que servirán de conclusión.

Coliving es la forma de hacer diferente la vida en la ciudad, para responder a nuevas necesidades. Lo que lo diferencia es la experiencia de la convivencia y compartir espacios y servicios en un equilibrio entre la dimensión privada y la social de la casa. Comodidad de espacios completamente equipados, con todos los servicios incluidos en concordancia con la vida en comunidad. Flexibilidad de espacios y tarifas según servicios, según las necesidades, y participación en valores de solidaridad, sostenibilidad y diversidad en un entorno físico estimulante que favorece la vida en comunidad, actividad y relaciones.

Estas nuevas tipologías se desarrollan en diferentes modelos según su ubicación y el cliente al que se dirige. En localizaciones urbanas próximas a los servicios de transporte y equipamientos, se producen en soluciones de rehabilitación de edificios existentes, de menor escala, que pueden ser un modelo de referencia para enriquecer proyectos de regeneración de barrios. En localizaciones periurbanas se trata de modelos de mayor escala, con todos los servicios integrados, pues se aíslan del centro urbano. Permiten con esa economía de escala una reducción del coste con unos servicios premium. Se trata de edificios de nueva planta que, al no poder competir en precio con suelos residenciales, se desarrollan en suelos terciarios en una modalidad de explotación hotelera.

El problema viene al tratar de encorsetar la innovación y en lugar de favorecer soluciones híbridas de vivienda y trabajo, se regula que solo puede desarrollarse el uso de **Coliving** en edificios de uso residencial. Si se trata de atender una nueva demanda, que la oferta tradicional en venta o alquiler no puede atender, bien por precio o porque no recoge los servicios que se necesitan, estamos ante un problema social que debería abordarse desde las Administraciones, flexibilizando el marco regulatorio y permitiendo soluciones innovadoras, ya testadas en otros países.

¿Qué hacemos en edificios industriales abandonados en polígonos degradados que han quedado dentro de la ciudad con arquitecturas interesantes? ¿O edificios de oficinas obsoletos? Ya no tienen sentido como oficina y pueden rehabilitarse con soluciones residenciales de vivienda con espacios compartidos. Esos modelos residenciales permitirían poner en valor espacios que tienen interés, con tipologías novedosas, que tanto admiramos en Londres, Nueva York o Ámsterdam. Contribuiríamos a la necesaria regeneración urbana por la mezcla de usos y diversidad de tipologías de la ciudad mediterránea, densa, mixta y compleja, integradora y sostenible.

Si puedo trabajar donde vivo, debería poder vivir donde trabajo. Los espacios comunes, cocina, trabajo, estar y ocio permiten el intercambio y el encuentro y facilitan la construcción de comunidad, que, para los nómadas digitales, o *singles* que han cambiado su situación familiar, es fundamental en la lucha contra la soledad no deseada.

A esto se une el fenómeno del envejecimiento poblacional y los nuevos roles familiares. Cada día más personas viven más tiempo en mejores condiciones, estamos ganando años y calidad de vida. En 30 años la población de personas mayores se duplicará y, según la ONU, en 2050 España será el país más viejo del mundo, con un 40% de su población mayor de 65 años. Habrá más personas mayores de 65 años que jóvenes menores de 15.

Y si analizamos el fenómeno de los mayores como productores y consumidores, el futuro de la economía está en los mayores, su capacidad económica y de consumo. La generación de las canas ya no quiere esperar pacientemente a la muerte, sino vivir con intensidad esos años. El 40% del gasto en ocio tiene su origen en mayores de 55 años, que disponen de más del 70% de la renta.

La vejez debe tener cabida en nuestra sociedad de forma normalizada, y necesitamos una ciudad para todas las edades. La convivencia de distintas edades, economías, intereses y formas de vida es la riqueza de la ciudad mediterránea, de su calidad de vida y sociabilidad. En definitiva, ciudades más amables, donde puedan convivir con el resto de generaciones, puedan seguir llevando una vida activa, social, cultural y laboralmente, y continúen siendo útiles a la sociedad.

Antes la vida distinguía tres etapas, juventud, madurez y ancianidad. Ahora es diferente y podemos hablar de cuatro edades, hay una nueva tercera edad de mayor realización personal y aparece una cuarta edad de vejez asistida, de dependencia. Esa nueva generación de mayores demanda nuevas formas de vida durante esa etapa, y es cuando nace el concepto de ***Senior Housing*** y el deseo de una vida independiente, de autonomía, de «continuar» viviendo frente al concepto de «retiro».

Las necesidades de alojamiento de los mayores son diversas, lo que nos obliga a reconsiderar el modelo actual de residencias e impulsar otras fórmulas con unidades de convivencia menores, donde prime la comodidad y la calidad, con servicios especializados de tipo asistencial. Esa dinámica de transformación de la oferta residencial orientada a seniors incluye complejos intergeneracionales, viviendas asistidas, *cohousing* o certificaciones *senior-friendly*, que son frecuentes desde hace años en otros países.

Frente a las residencias de tercera edad, de carácter asistencial, los modelos de ***Senior Housing*** se basan en un modelo de «*envejecimiento en casa*». Permite conservar la autonomía y el bienestar y calidad de vida de vivir en comunidad, en un modelo equilibrado y capacitante de las personas, al maximizar las competencias y compense, con apoyo y estímulos, el proceso de envejecimiento.

Las nuevas necesidades no solo serán cuantitativas, los aspectos cualitativos y diferenciales que aporten las nuevas viviendas sénior tendrán cada vez mayor importancia. Es sustancial el equilibrio entre intimidad, convivencia, funcionalidad, accesibilidad y tecnología junto a factores de diseño, calidad del espacio e integración con la naturaleza; en definitiva, arquitectura de calidad.

El ***Senior Housing*** es un elemento de valor y un gran reto para el sector inmobiliario, por tratarse de una oferta especializada y heterogénea para personas con necesidades diferentes o que precisan de ciertos servicios. Eso convierte esta oferta en un negocio patrimonialista de alto valor añadido, con responsabilidad y criterios ESG en su ADN, al que se incorporan distintos actores, desde el inversor y el promotor al operador y explotador. Es un nicho de mercado en personas mayores no dependientes o en grado bajo. Falta un cambio de mentalidad que desarrolle nuevas alternativas.

En definitiva, todos los modelos de Flex Living vienen a atender una nueva demanda social, que permite una diversidad de oferta residencial que rompa la homogeneidad del mercado inmobiliario. Los valores comunes, además de flexibilidad de espacios y servicios y del equilibrio entre la parte privada, y la compartida o social de relaciones, son los de la buena arquitectura. Componentes, funcionales, formales y técnicos, junto a los de la salud y el bienestar físico y emocional.

De este modo el sector inmobiliario será percibido como un actor fundamental en la calidad de vida y bienestar de las personas, construyendo su hábitat y mejorando el entorno construido. Una actividad que, además de ser un gran movilizador de recursos y empleo, implica responsabilidad social, medioambiental y cultural en una industria de investigación, desarrollo e innovación.

Solo nos falta recuperar la confianza de la sociedad y, por tanto, de las Administraciones, para que con un marco regulatorio flexible y de seguridad jurídica, se pueda desarrollar una nueva oferta de tipologías residenciales y modelos flexibles de vivienda, tanto ***Coliving*** como ***Senior Housing***, que vienen a responder al desafío de las nuevas necesidades de vivienda en España.

CAPÍTULO XI

MODELOS Y OPORTUNIDADES DE INVERSIÓN

JAVIER KINDELAN
Vicepresidente & Head of Living - CBRE

1. LOS OBJETIVOS DEL INVERSOR. ¿QUÉ BUSCAN Y DE DÓNDE PARTEN?

La inversión en activos reales o inmobiliarios continuara desarrollándose y representando una proporción creciente comparativa con inversión en renta fija, bursátiles u otros instrumentos financieros. El proceso de institucionalización de la inversión inmobiliaria a su vez cada día es más diversa y sofisticada, persiguiendo equilibrar un retorno proporcionado al riesgo que está dispuesto a asumir.

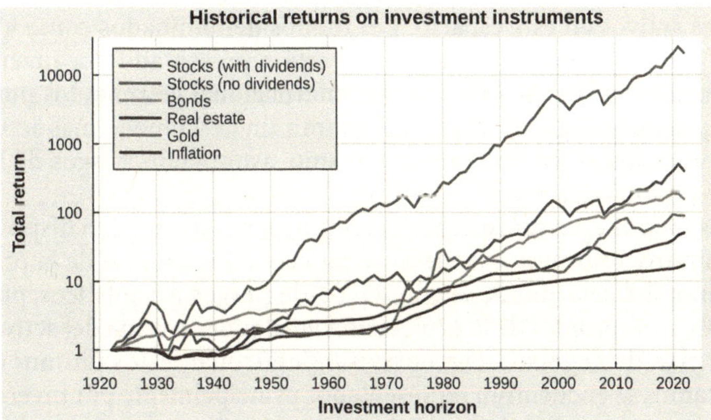

FUENTE: https://eldarinvest.com/en/historical-stock-returns

Dentro de la comunidad de inversores su segmentación esta tradicionalmente diferenciada por su criterio de inversión según el riesgo retorno, y el espectro de inversores representado en su clasificación de expectativas de rendimiento de su capital o retornos esperados. Este capital puede tener desde una aversión al riesgo pronunciada o perfil muy conservador típico de un inversor tipo «Core», al siguiente escalón en términos de apetito por riesgo y perfil mas «Core Plus» en búsqueda de oportunidades de inversión estabilizadas; los siguientes escalones en la curva de riesgo retorno nos encontramos con los fondos denominados «Value Add» que asumen en su tesis de inversión el poder «Añadir Valor» a través de su gestión de la oportunidad de inversión y obtener un mayor rendimiento inmobiliario. El capital que se encuentran en el extremo opuesto al capital «Core», son los inversores «Oportunistas», donde su objetivo es obtener retornos considerablemente más altos y, por tanto, a su vez dispuesto a asumir un riesgo más elevado. Mientras que los inversores «Core» suelen concentrar aseguradoras, fondos de pensiones y otros que quieren que sus inversiones supongan un robusto refugio y almacén seguro de su capital con un rendimiento ligeramente superior al de la deuda soberana (Bonos del país a 10 años). Este perfil de capital no quiere asumir riesgos urbanísticos, de explotación de activos y asume una liquidez estable en el mercado que permita proyectar un valor en perpetuidad estable.

El capital que a su vez escala la curva de riesgo retorno por consecuente está en disposición de asumir mayores riesgos, partiendo de los fondos tipificados como «Core Plus» que puedan asumir riesgos de explotación o volatilidad en los mercados de alquiler y donde podemos encontrar inversores como SOCIMIS y otros fondos tradicionalmente de carácter institucional, aunque es también común encontrar Famiy Offices activos en este espacio. Los fondos denominados como «Value Add» donde también por lo general está representado por inversores institucionales muchos de carácter internacional gestionados por gestores profesionalizados dispuestos asumir un desempeño más activo en la explotación y rendimiento del mismo, asumiendo riesgos de licencias y explotación.

Los fondos oportunistas son los que más riesgo están en disposición de asumir y estos por lo general se asocian a los propios de la promoción inmobiliaria, donde se asumen desde riesgos urbanísticos, planeamiento, a los propios de la explotación en alquiler o venta del activo que en su plan de negocio tienen previsto desarrollar. Estos últimos como apuntamos se encuentran representados principalmente por inversores/ promotores y capital de las «Private Equity» de carácter inmobiliario persiguiendo retornos que superen el 20%, mientras que los del extremo opuesto («core») están satisfechos con retornos inferiores al 5%.

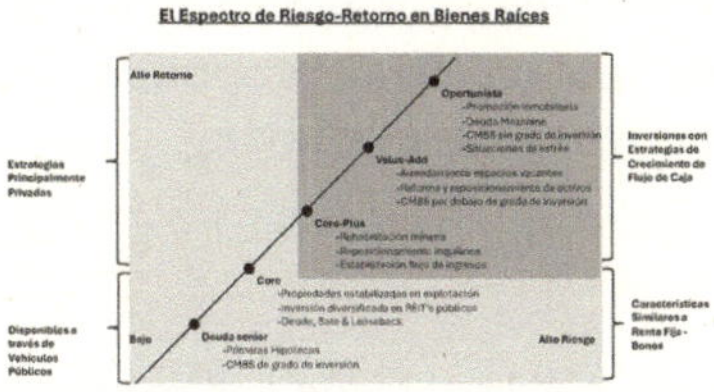

1. **Inversiones Oportunistas**
    1. Desarrollo desde cero con alta deuda
    2. Más del 20% de rendimientos con alta variabilidad
2. **Inversiones de Valor Agregado**
    1. Riesgo moderado a alto
    2. Gran potencial, pero necesita considerable capital
    3. 13-15% de rendimientos anuales con variabilidad
3. **Inversiones Core Plus**
    1. Inquilinos de alta calidad
    2. Ubicación ligeramente inferior
    3. 9-13% de rendimientos anuales con alguna variabilidad
4. **Inversiones Core**
    1. Ubicaciones de alta calidad
    2. Inquilinos de alta calidad
    3. Comparable a inversiones en bonos
    4. 7-10% de rendimiento anual con poca variabilidad

FUENTE: CBRE.

El sector Living como apuntamos cuenta con segmentos más tradicionales de inversión residencial a largo plazo en alquiler libre o regulado asequible o protegido, a los nuevos modelos de Smart Living, Flex Living o Coliving como popularmente se hace referencia. Estos últimos modelos de explotación de espacios habitacionales buscan satisfacer la demanda de soluciones habitacionales más tradicionales como a la demanda seducida por la flexibilidad en contratación temporal, servicios «hotelizados» o gestión activa de la comunidad buscando que los mismos compartan vidas y experiencias.

Los inversores que tradicionalmente han invertido en las oportunidades de explotación en alquiler lo hacen porque entienden que lo hacen en un segmento maduro, con rotación, liquidez y, por tanto, con unas expectativas de riesgo retorno con mayor certidumbre, mientras que los inversores con mayor apetito a exposición al riesgo están dispuestos a penetrar un sector poco desarrollado o inmaduro en búsqueda de mayor retorno como son los alternativos de Living. Estos últimos están apostando por una gradual consolidación de este sector, pero dispuestos a entrar de forma más temprana en su desarrollo y potencial captura de valor futuro.

El espectro de inversores más oportunistas que se están adentrando en la inversión del sector «Living» lo hacen sabiendo que los riesgos que han de asumir y la explotación del activo está estrechamente relacionado con su rendimiento, estabilización y consolidación de valor. En esencia estos activos son operativos por naturaleza y su efectiva explotación implicará un rendimiento operativo que resulte en el margen operativo y beneficio final del operador.

En la etapa inicial del desarrollo del sector en España como en el extranjero estamos observando como estas oportunidades se originan como JV (Joint Ventures) del modelo de negocio operativo e inversor inmobiliario, fusionando la OPCO y PROPCO, o en otras palabras donde el inmobiliario y operador parten de la misma fuente de capital. Lo más probable es que en la medida que se desarrolle el sector y se consolide en los próximos años, comenzaremos a observar transacciones el mercado de proyectos estabilizados y con un historial de rendimiento consolidado que cumpla con los requisitos de capital más «Core» y, por tanto, tomando mayor protagonismo y compitiendo por representar una creciente proporción de inversión en el mercado de capitales de activos reales de Living.

Los Orígenes del Coliving

La solución habitacional que ofrece el Coliving desde sus orígenes en «Silicon Valley», California o en Bruselas como cuna del mismo en Europa, lo hace desarrollando el concepto circular de economías y bienes compartidos, buscando facilitar espacios comunes donde sus habitantes puedan compartir experiencias sociales, información y conocimiento profesionales en un marco «Hotelizado» donde los servicios a demanda pueden ofrecer desde alquiler de pequeños electrodomésticos hasta los propios (limpieza, lavandería, tintorería, arreglos…) de un «Concierge» a las carta en los formatos más desarrollados donde la gestión de la comunidad, sus integrantes y la actividades que se gestionan están diseñadas para potenciar la integración de la comunidad.

Fuente: CBRE.

Los espacios de Coliving y Flexliving típicamente ofrecen espacios individuales más privativos en pequeñas habitaciones con y sin baño integrado, estudios de 1 y 2 habitaciones, y los comunes, que ofrecen espacios para el deporte, trabajo (*coworking*), espacios para el ocio o interacción social en salas polivalentes. Esta combinación ofrece un espacio que integra el diseño, flexibilidad y potencia la integración y experiencia de sus habitantes en búsqueda de mayor rentabilidad o rendimiento económico para el operador e inversor.

Tipos de Coliving & Flexliving

Coliving Baja Densidad — Los formatos originales y más tradicionales del Coliving se han desarrollado principalmente en edificios residenciales en ubicaciones y entornos urbanos residenciales consolidados. Estos edificios se han transformado para aumentar la densidad de las habitaciones e incrementar los espacios comunes, reduciendo los costes de desarrollo u transformación. Los inmuebles transformados de uso residencial han sido característicamente edificios unifamiliares de medianas y grandes dimensiones, en colonias de casas de baja densidad, donde se han transformado en Coliving de 6-10 habitaciones. Estos inmuebles cuentan con los espacios comunes de cocina, salón y alguna otra sala de uso polivalente. Existen inversores/operadores que buscan concentrar varios activos de esta misma naturaleza en dichas colonias de casas para así poder optimizar la gestión de estos espacios, las actividades y capacidad de presentación de servicios a demanda. La estancia media en estos inmuebles supera los 11 meses y normalmente elijen esta ubicación por su entorno menos densificado y de carácter más residencia. Los servicios y gestión de comunidad están menos desarrollados en estos activos.

Tipo	m^2
Habitación	10-12
Estudio	15-25
1 dormitorio	25-35
2 dormitorios	35-50

Coliving Urbano Singular — Los Coliving en edificios urbanos residenciales exclusivos, se están desarrollando o transformando en inmuebles de más de 5 alturas y entre 6-10 estudios/habitaciones entre 15-25 m^2 por planta, con baños integrados en cada habitación o compartidos entre varios. Los espacios comunes de cada planta son exclusivos de sus usuarios, contando en muchos casos con cocina compartida por planta, mientras que los espacios comunes del inmueble como puede ser una zona de gimnasio suelen encontrarse en los sótanos o zonas más ciegas, y los espacios de *coworking* y ocio en plantas superiores y, a menudo, con acceso a terrazas. Es habitual que en estos espacios comunes se fomente la interacción social y desarrollen actividades que potencien la integración de la comunidad y la experiencia de los usuarios. La dotación de espacios comunes y presencia de gestor de comunidad es más notable, destacando la organización de actividades que fomenten la interacción social en la comunidad y experiencias. A menudo el personal no es exclusivo del activo, sino que da cobertura a múltiples activos gestionados por el mismo operador en la localidad.

Este conjunto de activos de naturaleza urbana, cuentan con licencias y uso característico residencial, pudiendo firmar contratos sujetos a la LAU o también contratos temporales de carácter civil.

Residencial Tradicional al Flexliving — Como se puede observar los espacios habitacionales tradicionales principalmente buscaban proveer de un techo donde dormir, que evolucionaron para dotar estas de espacios comunes, popularmente referidas como «Amenities» donde desarrollar actividades deportivas, multifunción y de ocio y que se puede considerar como la primera fase o nivel de integración de una comunidad de vecinos. En la medida que las nuevas soluciones habitacionales para el BTR (*Built to Rent*) seducían a la demanda hacía unos espacios con un diseño y oferta de actividades de ocio, comenzamos a ver cómo estas se ofrecían la posibilidad de amueblar los apartamentos o estudios, e incluso contratar servicios de Wi-Fi, electricidad y agua en una sola factura. Los nuevos formatos habitacionales continúan evolucionando, aumentando en algunos proyectos su gama de servicios «Serviced Apartments» a la carta y asimilando una oferta propia del sector de hospedaje y que, a menudo, en el sector contento como soluciones hotelizadas. El ultimo nivel es el de conformación de la comunidad, donde operadores más consolidados buscan curar comunidades especificas basadas en el perfil deseado, concentrando jóvenes provisionales sectorizados, madres solteras, por género, divorciados, LGTB, artistas… Las comunidades son diseñadas, confeccionadas y curadas para potenciar al máximo la vida y experiencias de sus integrantes.

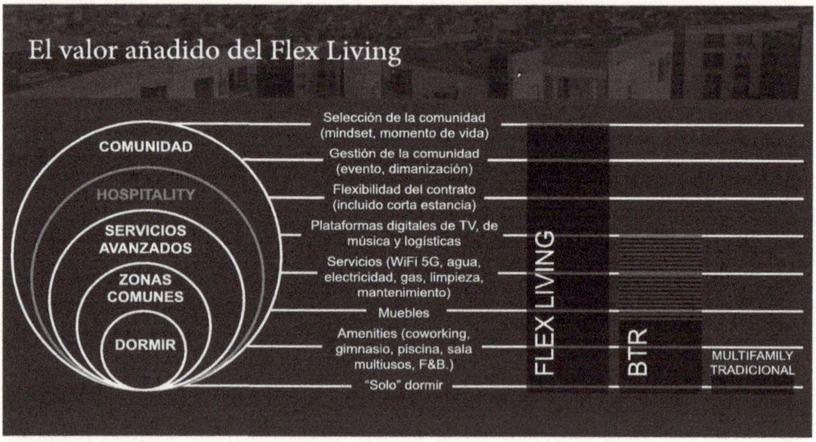

FUENTE: CBRE.

Los Flexliving — Son activos que se desarrollan generalmente en nuestro territorio nacional en suelo terciario con uso compatible de hospedaje y donde se permite la extracción de humos para asegurar que en los estudios, apartamentos o cocinas comunes se puede elaborar y manipular alimentos. Estos proyectos se están desarrollando en ubicaciones suburbanas y son de grandes dimensiones, contando desde las 300 camas a las más de 1.200 camas en los proyectos más grandes. Los activos de estas dimensiones nos recuerdan a los grandes complejos hoteleros en edificaciones de baja altura, e incluso en algunos casos en inmuebles de más de 18 alturas por lo que su singularidad arquitectónica, dimensiones de espacios comunes y concentración de comunidad de inquilinos requiere de una operativa acorde con su tamaño. Estos complejos están dotados de espacios comunes y «Amenities» que incorporan múltiples áreas destinadas al deporte, salas de *coworking*, restauración, salas reservables para actividades polivalentes de los inquilinos, piscinas, zonas de ocio destinadas a la integración social y entretenimiento, barbacoas exteriores y hasta los «Pet Spas» que no son otra cosa más que espacios exclusivos designadas al cuidado y baño de las mascotas, etc… Los espacios más privativos por planta, a menudo cuentan con zonas de lavandería común, puntos de encuentro y aquellos espacios destinados a la integración vital por planta.

FUENTE: CBRE.

Estos proyectos cuentan con una amplia zona de recepción típica del hospedaje y un equipo exclusivo del activo en la recepción que da servicio y amenizan las vidas de su comunidad. Es importante destacar que, aunque los activos no son de naturaleza residencial, a menudo como condición a su desarrollo y alineamiento en intereses con el municipio, este último autorice el empadronamiento temporal de sus inquilinos para que puedan acceder a los mismos servicios que los vecinos en activos residenciales del municipio. Por lo general, estamos observando que existe voluntad administrativa de renovar los empadronamientos temporales para facilitar el acceso a los servicios sociales, y que su condición de temporalidad limitada solo pretende evitar que derivada de la mayor rotación de los inquilinos no exista un numero indefinido de residentes que están empadronados de forma indefinida cuando no están presentes en el municipio una vez finalice su estancia en el Flex-Living.

Estos proyectos al contar con licencias de hospedaje requieren de la autorización definitiva de Turismo que inspecciona el activo para asegurar cumple con las condiciones generales y dimensiones requeridas. No hemos observado que hasta la fecha se deniegue esta autorización sin causa justificada por incumplimiento de los requerimientos de hospedaje. Es posible que en la medida que estos proyectos se estabilicen y la estancia medie supere los más de 11 meses se deba reiniciar el proceso contractual o derivar a otro espacio en el proyecto para asegurar que no vulneran los requerimientos de su licencia o contradicen las limitaciones de estancias a largo plazo.

Los inquilinos — Firman contratos civiles no sujetos a la LAU y, por tanto, no sujetos a su regulación o estructura contractual. Los inquilinos atraídos no solo por la ubicación del Flex-Living o su diseño buscan contratar flexibilidad temporal en los plazos, en una única factura que incorpore todos los consumos y permita poder acceder a todos los «Amenities» del complejo y disfrutar de la vida en común y experiencias de los usuarios que los operadores buscan proveer. Los inquilinos suelen contar con una sola factura que incorpora el acceso a los espacios de gimnasio o *coworking*, acceso a Wi-Fi, plataformas de «*streaming*», limpieza semanal y suministros incluidos.

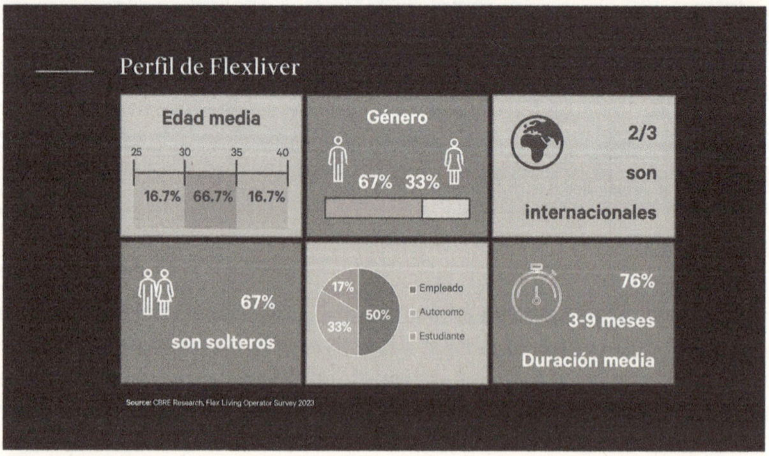

FUENTE: CBRE.

En estos activos es también habitual encontrarse que alrededor de un 10% de los usuarios son de corta estancia, desde estancias diarias a varias semanas y, por lo general, inferior a un mes y por lo que los operadores concentran estos inquilinos en zonas del complejo designadas particularmente para estos debido a su alta rotación y para optimizar el mantenimiento y preparación de las estancias para nuevos inquilinos de corta estancia.

Los activos u proyectos que generalmente denominamos como ***corporativos***, por lo general, buscan cubrir la demanda de jóvenes profesionales u corporaciones que requieren proveer a sus empleados de estos servicios de hospedaje de corta y mediana estancia, los operadores especializados en este segmento de demanda ofrecen servicios más a la carta de estos profesionales y ejecutivos, unas estancias más «hotelizadas», espacios comunes o «amenities» más adaptadas para ambientes de trabajo, *coworking* o gimnasio que se adapte mejor al estilo de vida y necesidades propias de este perfil de cliente. Las tarifas suelen ser más altas reflejando una mayor temporalidad, tamaño de las estancias y servicios corporativos más pensados para un entorno profesional.

Los Colivigns o Flex-Living de carácter más ***vacacional*** están ubicadas municipios de costa y regiones popularmente de carácter vacacional, que atraen a nómadas digitales, o incluso nómadas energéticos (demanda que procede de regiones con altos costes energéticos y clima frio en búsqueda de generar ahorros al trasladar su residencia temporalmente en los meses de mayor consumo energético a otros países con mejor clima y acceso a soluciones habitacionales con flexibilidad) u otras personas que buscan compaginar de forma temporal el ocio con sus profesiones o trabajo.

Operador de Living. Objetivos y Retos

Los operadores de Coliving, Flex-Living o Smart Living llevan relativamente poco tiempo operando por lo que los inversores más visionarios tuvieron que evolucionar en la explotación de los formatos más tradicionales para proveer no solo de un espacio habitacional donde dormir. Si bien es verdad que generalmente al Coliving se le anuncia como una nueva forma de vivir, la realidad es que no es más que una extensión o evolución en cómo se viven en las residencias de estudiantes y podemos extraer muchos paralelismos y similitudes en estos, en su organización y funcionamiento.

El operador tiene un equipo dedicado a cada proyecto o activo similar a la estructura operativa de un hotel, contando con un director y subdirector responsables de la gestión, cuenta de resultados del activo, un equipo en la recepción que son los responsables de entrevistar, informar de las tarifas y servicios, firmar el contrato civil, y gestionar las actividades de la comunidad. Asimismo, existe un equipo de limpieza y mantenimiento que varía en función de las dimensiones del activo y número de camas, porcentaje de inquilinos de corta estancia y de si está subcontratado a una empresa externa. Estos varían en función de la dimensión del proyecto y de las sinergias en uso de personal que pueda generar si concentra geográficamente varios activos y puede optimizar la explotación de estos. Los servicios centrales del operador normalmente se encargan del proceso de *marketing*, comunicación, administración y gestión financiera del proyecto.

Personal	#
Director	1
Subdirector	1
Administración	1
Recepción/ Comunidad 24 h	2/4
Mantenimiento	1
Limpieza	3

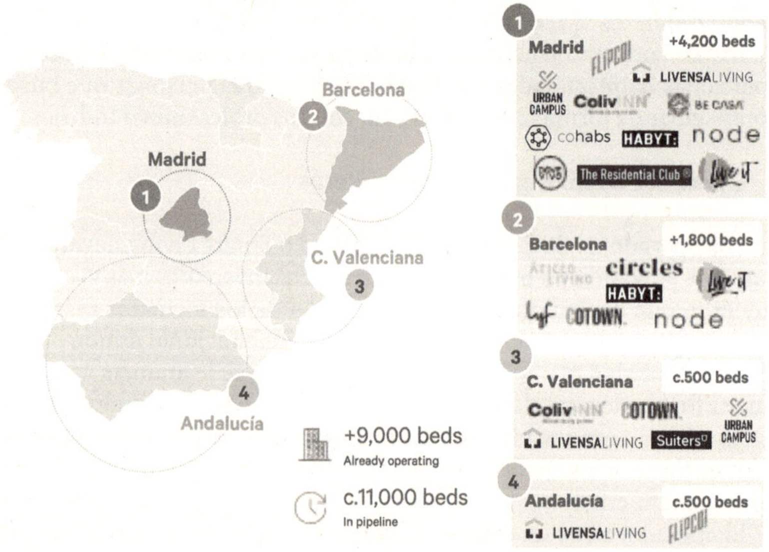

FUENTE: CBRE.

Los Inversores

El objetivo de cualquier inversión como hemos explicado al inicio de este capítulo suele ser optimizar el riesgo retorno, y en el caso de la inversión en Coliving, Flex-Living y futuros formatos de Living serán iguales. La inversión en este segmento se inició y concentró en la compra de activos residenciales, a menudo en su origen, en la transformación de unifamiliares existentes, de grandes dimensiones que ofrecían que se han ido escalando hasta edificios residenciales destinados íntegramente al Coliving.

Los inversores que han invertido en esta etapa temprana de desarrollo del sector son, por lo general, inversores más dispuestos a asumir los riesgos inherentes a una explotación más incierta, donde los riesgos operativos de explotación, estabilización financiera, o incluso riesgos urbanísticos derivados de falta de claridad en el planeamiento o uso del activo se reflejan en los retornos que esperan de estas inversiones. Estamos hablando de inversores más oportunistas, *private equity* o *value add*, de carácter institucional o *family office*.

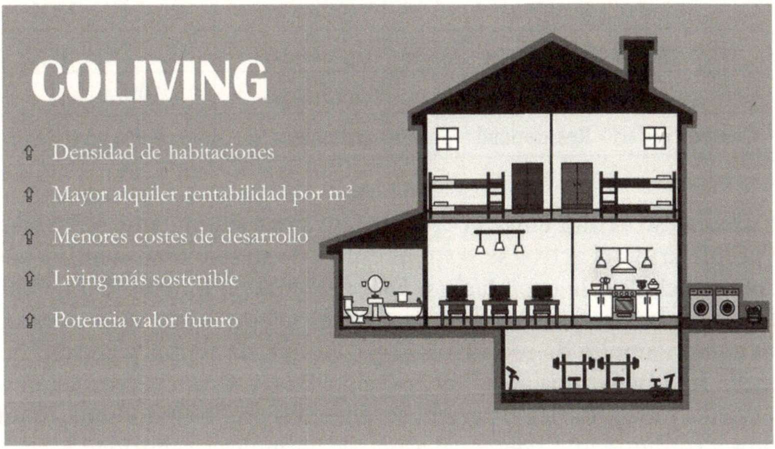

FUENTE: CBRE.

La Estructura «Operador e Inversor» — En los Coliving o Flex-Living entre operador e inversor son generalmente similares a los contratos de gestión presentes en el sector hotelero. En algún proyecto de Coliving existen contratos de arrendamiento a largo plazo, generalmente existentes en activos residenciales de baja densidad. La estructura de contrato en gestión supone que le operador tenga un contrato donde se fijen unos honorarios variables anuales (6-18%) como porcentaje de los ingresos brutos o NOI (*Net Operating Income*). La duración de los contratos de gestión suele tener una duración media de cinco años con múltiples prórrogas de períodos similares (5+5+5) y en la medida que se desarrolla el sector y se consolida podemos esperar que la estructura de contratos entre operador e inversor cambie.

Los Management Fees de Flexliving se firman sobre NOI y llegan hasta el 20% en los activos con menor número de habitaciones y disminuyendo los honorarios de gestión gradualmente hasta llegar a un 6-8% de los ingresos netos en los edificios exclusivos de más de 80 habitaciones. Como referencia y haciendo cierto paralelismo con el sector de gestión de residencias de estudiantes donde estos márgenes suelen estar entre un 8-10% sobre NOI o 4-6% sobre ingresos brutos.

Tipología		Management Fee
FLEXLIVING Suburbano - Terciario		6-10% s/NOI
Centro ciudad - Residencial	< 20 unidades	17-18% s/NOI
Centro ciudad - Residencial	20-30 unidades	15-16% s/NOI
Centro ciudad - Residencial	30-40 unidades	13-14% s/NOI
Centro ciudad - Residencial	40-60 unidades	11-12% s/NOI
Centro ciudad - Residencial	60-80 unidades	10% s/NOI
Centro ciudad - Residencial	> 80 unidades	8-9% s/NOI

Dicha estructura entre operador e inversor supone que el inversor y propietario del activo se responsabilice de su mantenimiento y personal asociado a la explotación. Este personal en función del tamaño del proyecto en términos de habitaciones puede variar, incorporando un equipo amplio de recepción (1-4), equipo de ventas y gestión que pueda rotar y dar una atención «hotelizada» y asegura la prestación de servicios y asegurar las experiencias deseadas por los inquilinos; inquilinos y comunidad. El personal asociado a limpieza, seguridad y varios se suele subcontratar, aunque el inversor propietario puede también incorporar esta estructura laboral de la operativa del activo. El operador que es responsable del lanzamiento del proyecto, *marketing*, comunicación, gestión contractual y financiera de los inquilinos o clientes si formalizan un contrato comercial. A menudo este personal esta centralizado en la estructura del operador y no dedicado exclusivamente a un proyecto o activo.

El operador normalmente busca involucrarse con el inversor/promotor en la etapa inicial de diseño y configuración del espacio, para asegurar que el proyecto es consistente con la imagen, ambientes y *branding* deseado del mismo. Esto incluye desde la definición de la distribución de tipo de habitaciones para atender a su estrategia de segmentación y captación de demanda, como el diseño de los espacios comunes «amenities», dotación del FF&E (*Fixture Fitting and Equipment*) (diseño de interiores centrado en el mobiliario, las instalaciones y el equipamiento) que asegure establecer el ánimo y la atmósfera deseada en el proyecto.

Los márgenes operativos de un proyecto varían en funcion de sus dimensiones, nivel de consolidación, plazo de estabilización desde su apertura, ocupación media, tarifas medias, porcentaje de habitaciones destinadas a corta estancia o la gestión de servicios de restauración u otros servicios que generen ingresos adicionales en el activo. Los márgenes (% de NOI sobre Ingresos Totales) fluctúan entre el 60% para los menos estabilizados y pendientes de consolidación hasta el 85% para los proyectos más optimizados. Estos márgenes son post-«Management Fee» que es como hemos indicado los honorarios de gestión del operador calculados sobre una base del NOI o ingresos brutos que percibe el operador, quedando el resultante EBITDA de la cuenta de resultados en beneficio del inversor/promotor.

Los inversores/promotores a su vez realizan un análisis de descuento de flujo de caja (DCF) que les permita incorporar las asunciones y proyecciones de la cuenta de explotación como base futura de ingresos, y analizar los costes de adquisición del suelo, los costes de construcción, licencias y honorarios (HC+SC = *Hard Costs + Soft Costs*), los costes de financiación y demás variables para considerar como resultado unos indicadores financieros en términos de TIR (Tasa Interna de Retorno) apalancado y a su vez también el mismo indicador no sujeto a financiación que les permita evaluar el rendimiento esperado de esta inversión.

En estos proyectos considerando que el inversor está asumiendo riesgos propios de un promotor, de licencias, construcción contratación de operador; combinado con los riesgos de explotación de la operativa del proyecto, que los retornos esperados por los inversores varían entre un 15 y un 25% de TIR dependiendo de la ubicación, naturaleza urbana del activo y acceso/condiciones de financiación del activo. A continuación, facilitamos un análisis estático a modo ejemplo del análisis financiero de una oportunidad de Flex-Living en el mercado nacional:

MODELO ANÁLISIS FINANCIERO ESTÁTICO PROYECTO FLEXILIVING		% Corta	10%	35%	
		Sin Corta	Con Corta	Con F&B	Sin F&B
Nº Camas Individuales		**417**	**375**	**417**	**417**
Tasa de ocupación		**95%**	**95%**	**95%**	**95%**
Tarifa media mensual (IVA)		1.504	1.504	1.504	1.504
Tarifa media mensual (sin/IVA)		**1.368**	**1.368**	**1.368**	**1.368**
Ingresos por Alquiler		6.500.860	5.850.774	6.500.860	6.500.860
Nº Camas Individuales (Corta estancia)			**42**		
Tasa de ocupación			**65%**		
Tarifa media diaria (sin/IVA ni plataformas)			**90**		
Ingresos por Alquiler		0	890.399	0	0
Nº plazas de aparcamiento		417	417	417	417
Tasa de ocupación		50%	50%	50%	50%
Tarifa media mensual (IVA)		100	100	100	100
Tarifa media mensual (sin/IVA)		91	91	91	91
Ingresos por Parking		227.455	227.455	227.455	227.455
Ingresos Adicionales	2%	130.017	117.015	829.816	130.017
Ingresos Adicionales		357.472	344.470	1.057.271	357.472
INGRESOS TOTALES		**6.858.332**	**7.085.644**	**7.558.131**	**6.858.332**
€/m2/mes		*27*	*27*	*29*	*27*
Marketing		*150*	*150*	*150*	*150*
Marketing		-62.550	-62.550	-62.550	-62.550
Utilities Unidad - (Gas, Electricidad, Agua)		*1.200*	*1.200*	*1.200*	*1.200*
Utilities - Total		-475.380	-460.368	-460.368	-475.380
Suministros Unidad		*70*	*70*	*70*	*70*
Suministros Total		-27.731	-26.855	-26.855	-27.731
Seguros Unidad		*52*	*52*	*52*	*52*
Seguros Total	1,0 €	-21.496	-21.496	-21.496	-21.496
Mantenimiento Unidad		*200*	*200*	*200*	*200*
Mantenimiento Total		-83.400	-83.400	-83.400	-83.400
Personal Unidad (Director, Sub, Recepcion)		*576*	*576*	*576*	*576*
Personal Total		-240.143	-240.143	-240.143	-240.143
Limpieza Unidad		*520*	*520*	*520*	*520*
Limpieza Total		-206.077	-185.470	-206.077	-206.077
Limpieza (Corta Estancia)		*2.601*	*2.601*	*2.601*	*2.601*
Limpieza (Corta Estancia)			-70.500	0	0
Reserva FF&E		*150*	*150*	*150*	*150*
Reserva FF&E		-62.550	-62.550	-62.550	-62.550
Opex		**-1.179.326**	**-1.213.331**	**-1.163.439**	**-1.179.326**
Opex/hab		*-2.828*	*-3.233*	*-2.790*	*-2.828*
Opex (%)		-17%	-17%		
NOI		**5.679.006**	**5.872.313**	**6.394.692**	**5.679.006**
Margen		*83%*	*83%*		
IBI		*322*	*322*		
IBI	6 €	-134.350	-134.350	no	no
Management Fee	10%	-567.901	-587.231	-639.469	-567.901
Costes Propiedad		**-702.251**	**-721.581**	**-702.019**	**-630.451**
Opex/hab		*-1.684*	*-1.923*		
Opex (%)		*-27%*	*-27%*		
Costes Totales		**-1.881.577**	**-1.934.912**	**-1.865.458**	**-1.809.777**
Total Opex/hab		*-4.512*	*-5.156*	*-4.474*	*-4.340*
Total Opex (%)		*-27%*	*-27%*	*-25%*	*-26%*
EBITDA		**4.976.755**	**5.150.731**	**5.692.673**	**5.048.555**
Margen		*73%*	*73%*	*75%*	*74%*
Income/hab		*11.935*	*13.724*	*13.651*	*12.107*
€/m2/mes		*19,29*	*19,97*	*22,07*	*19,57*
Actualizado año 5 IPC (2% anual)		**5.494.740**	**5.686.824**	**6.285.171**	**5.574.013**
1 año preconstruccion, 2 años construccion, 2 años operativos					
Ingresos Venta Escenario A		**104.661.714**	**108.320.451**	**119.717.545**	**106.171.676**
Rentabildad Salida		5,25%	5,25%	5,25%	5,25%
€/m2		4.869	5.039	5.569	4.939
€/habitacion		250.987	259.761	287.092	254.608
Ingresos Venta Escenario B		**99.904.363**	**103.396.794**	**114.275.839**	**101.345.691**
Rentabildad Salida		5,50%	5,50%	5,50%	5,50%
€/m2		4.648	4.810	5.316	4.715
€/habitacion		239.579	247.954	274.043	243.035

FUENTE: CBRE.

Mercado de inversión Flex-Living

A continuación, facilitamos un análisis histórico de la inversión en el sector Living. Destacamos la creciente proporción de inversión en el segmento de Coliving y Flex-Living, cobrando mayor protagonismo y consolidándose como uno de los segmentos de referencia dentro de la inversión en el mercado de capitales nacional.

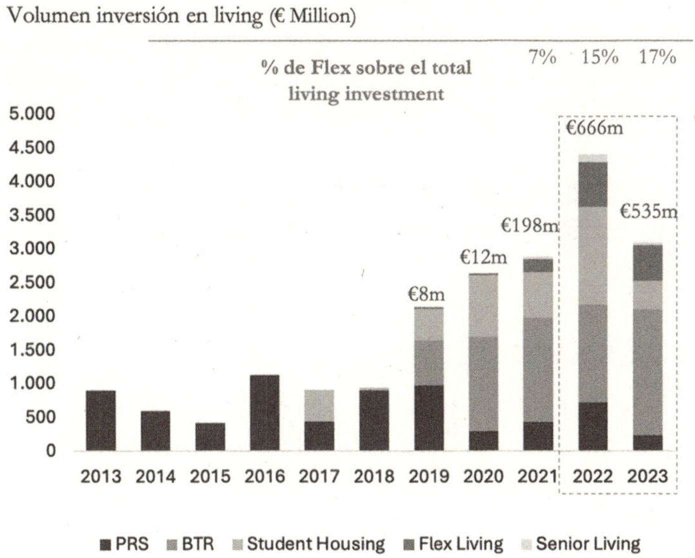

FUENTE: CBRE.

En el siguiente grafico podemos observar la actividad de inversión representada en número de camas transaccionadas por trimestre y los principales inversores activos y número de operaciones que ha firmado cada inversor durante este período.

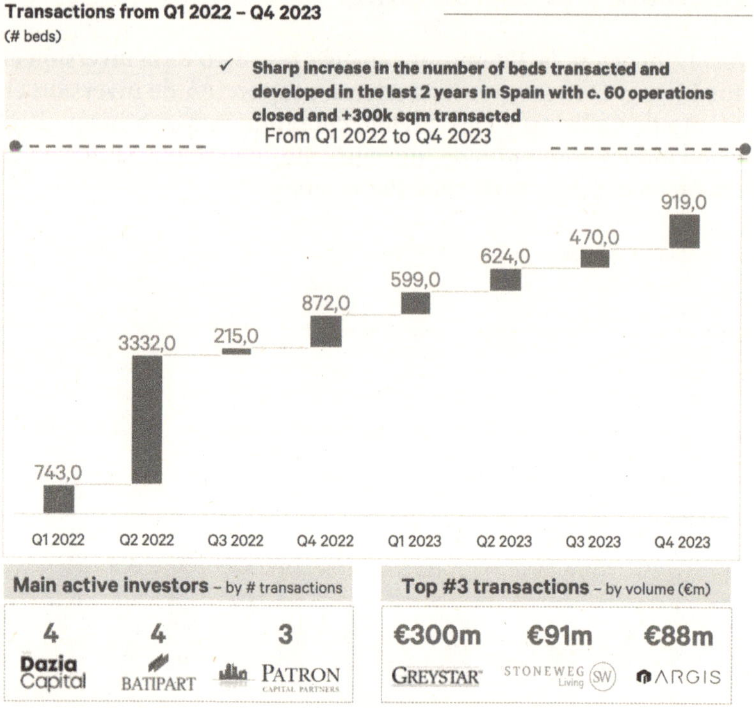

FUENTE: CBRE.

Encuesta a Inversores de Flex-Living

En 2024 lanzamos una encuesta a la comunidad de inversores nacionales e internacionales interesados en invertir en el sector de Coliving, Flex-Living y Smart Living. A continuación, ofrecemos algunas de las respuestas que sirven de termómetro sobre el nivel de interés y apetito de estos en el sector y a su vez de guía para entender los elementos que más valoran y más les preocupan sobre el desarrollo del sector:

- **Preferencias de Inversión**: La mayoría de los inversores prefieren invertir en **Coliving** (33%) y **Flex-Living suburbano** (29%). También hay interés en **Corporate Living** (24%) y **Vacation Living** (14%).
- **Tamaño del Portafolio**: La mayoría de los inversores desean tener entre **500 y 1.000 unidades** en su portafolio (42%), seguido por **200-500 unidades** (32%).

- **Estado del Activo**: Los inversores prefieren invertir en proyectos **Greenfield** (63%) y **Forward Purchase** (32%) como modalidad de inversión.
- **Perfil de Inversión**: La mayoría se identifica con un perfil de inversión **Value Add** (79%) seguido por **Oportunista** (16%).
- **Ciudades de Inversión**: Las ciudades más populares para invertir son **Madrid** (40%), **Barcelona** (21%) y ciudades de **Tier 2** como Valencia, Málaga y Bilbao (34%).
- **Reticencias y Preocupaciones**: Las principales preocupaciones son **encontrar activos bien ubicados** (42%) y el **precio de adquisición del activo** (26%).
- **Ventajas del Flex-Living**: Las ventajas más destacadas son la **posibilidad de incluir corta estancia** (47%) y la **revisión de rentas anuales** (26%).
- **Ocupación Estabilizada**: Se espera que la ocupación estabilizada de un Coliving sea del **95%** y la de un Flex-Living suburbano sea del **90%**.

CAPÍTULO XII

ALTERNATIVAS DE FINANCIACIÓN Y EVOLUCIÓN DEL MERCADO EN ESPAÑA

JENNIFER SUÁREZ
Dir. Syndicate & Debt Sales - BANCO SABADELL

LUIS ANTONIO MADRID
Investment Banking - BANCO SABADELL

1. ALTERNATIVAS DE FINANCIACIÓN. DEUDA

Para poder desarrollar la evolución del mercado en España, hemos pensado en compartir una historia, donde intentamos describir cómo puede nacer una idea de Coliving y cómo puede evolucionar hasta llegar a ser un proyecto de grandes dimensiones.

En cuanto a las alternativas de financiación, describimos cómo puede ser el «periplo» de un empresario en la búsqueda de financiación para su proyecto, empezando por una financiación alternativa a la bancaria, con tipos más altos, para finalmente una vez que el proyecto esté maduro, optar por la financiación bancaria.

Queremos hacer énfasis en que la financiación bancaria necesita garantías, y proyectos estabilizados donde el riesgo demanda esté mitigado. Por otro lado, la financiación alternativa, que ofrece tipos más altos, puede aceptar financiar proyectos que no estén estabilizados, y con mayor riesgo demanda. En ambos casos el escrutinio es exhaustivo.

1.1. Cómo nace la idea

Imagine el lector el siguiente caso hipotético: es marzo y, como cada año, su pareja le empieza a preguntar qué van a hacer este verano. Desde la pandemia todo está carísimo, por lo que hay que darse prisa si se quiere encontrar algo que merezca la pena. En los últimos años, vuestra ilusión ha sido ir a Naxos, una salvaje isla situada en el archipiélago de las Cícladas, en Grecia, así que os ponéis manos a la obra a encontrar el maravilloso hotel al que ir. Sin embargo, y a pesar de ser todavía principios de primavera, todo está agotado; absolutamente todo. Con resentimiento, pensáis en otras opciones, entre las que está Atenas.

Atenas es sin duda una de las ciudades más emblemáticas del Mediterráneo, por lo que no es de extrañar que cuando por fin empiezas a ver opciones, te des cuenta de que está todo carísimo. Hay tan solo un par de hoteles un tanto siniestros (por decirlo suave), y una especie de residencia llamada «The Little Commune», que, pese al nombre, no tiene ninguna mala pinta. Cansado ya de buscar y de que te quiten opciones, decides reservar en «The Little Commune». Sabes perfectamente que te va a acarrear una buena discusión con tu pareja, pero bueno, mejor eso que quedarse sin vacaciones.

Por fin llega agosto y, con él, Atenas. Cuando llegáis a la «residencia», os quedáis maravillados: el sitio es moderno y tiene un montón de zonas comunes donde, además, puedes conocer a muchísima gente. Os ha gustado tanto el concepto que, ya en España de vuelta de vacaciones, empiezas a investigar sobre el concepto. Descubres que es un fenómeno nuevo llamado «Coliving» y que está teniendo muchísimo tirón en toda Europa. Sin embargo, y para tu sorpresa, no hay ninguno en tu ciudad, Málaga.

1.2. Eureka

Así pues, se te ocurre plantearle una idea loca a tu pareja: «¿Y si con el dinero de la herencia de tu tía Carmen montamos uno?». Ante tu sorpresa, acepta.

Tras mucho investigar, por fin tienes todo atado: zona, edificio, quién te va a hacer la reforma, y hasta el color de las habitaciones. Has visto el tema de licencias, los ayuntamientos no conocen muy bien el concepto y lo tratan como apartamentos turísticos. Ya solo queda poner el dinero. Haciendo cálculos te das cuenta de que la herencia solo te va a dar para la mitad de la inversión, pero estás muy confiado que tu banco de confianza te dé la otra mitad. Sin embargo, este lo rechaza. La desilusión es enorme, pero nadie te va a quitar tu sueño de montar el primer coliving de la zona.

Como no cuentas con la financiación bancaria, tienes dos opciones: o le pides el dinero a algún amigo, o buscas un lugar más barato donde montarlo. Intentas lo primero, pero, al igual que el banco, nadie se fía de poner casi un millón de euros para tus locas ideas. Así que no te queda más remedio que buscar un lugar más barato. Finalmente das con la tecla: Tejeda, en pleno centro de Gran Canaria. No hay ningún sitio igual en toda la isla y los precios son mucho más asequibles. Además, tienes la playa y la montaña relativamente cerca y una temperatura perfecta todo el año.

La inversión es un éxito, ¡ni en tus mejores sueños hubieses pensado que el lugar iba a ir tan bien! Ahora sí, un conocido tuyo empieza a preguntarte cómo lo has hecho y si no es posible invertir contigo. Tras mucho darle vueltas y mucha insistencia por su parte, decides aceptar la propuesta. Para hacerlo, decidís que montaréis una sociedad («YourBestCo-Living»), donde tú conservarás el paquete mayoritario y él tendrá el resto. El segundo coliving lo montáis en Salinas, un pueblo asturiano que está fomentando con gran empeño atraer a lo que se conoce como «nómadas digitales».

Al igual que el de Tejeda, este también es un completo éxito desde el primer momento. La sociedad está empezando a crecer y, tras cinco años, ya habéis abierto otros tres colivings más. Con el crecimiento de la misma, os planteáis contratar un director financiero, que haga las labores de contabilidad y os ayude en la búsqueda de financiación.

1.3. La hora de la verdad, proyecto de 30 millones de euros

Por fin ha llegado el momento de montar el coliving en tu ciudad natal, Málaga, y ahora sí, seguro que el banco no puede rechazar el proyecto. Ya tienes una experiencia, conoces el sector, tienes acuerdos con buenos operadores y cuentas con un plan más detallado. Es el primer coliving que quieres montar desde cero, es decir, diseñar, construir y operar.

El proyecto es el siguiente: comprar una parcela para construir un edificio de coliving en el centro de Málaga. La inversión total asciende a unos 30 millones de euros y quieres pedir prestados unos 21 millones. El número total de camas superaría las 300 y, además, contaría con un sinfín de áreas comunes: piscina, gimnasio, terraza, cine, pista de pádel... Estimas que la construcción durará unos 18 meses y, después de esta, el proyecto tendrá un período de *ramp-up* de dos años, hasta que esté totalmente estabilizado, momento en el que generará alrededor de 2 millones anuales de *Net Operating Income*, según las estimaciones.

1.4. Visitamos a nuestro banco de referencia

Finalmente, llega el día de presentarle la oportunidad a tu banco. Tras estudiar la operación detenidamente, te comunica que no puede financiarla al no contar todavía con las licencias de construcción. Decepcionado, decides preguntar a otros bancos. Lamentablemente, todos te dan la misma respuesta: «sin licencia de construcción no podemos estudiar la oportunidad». Además, varios de ellos mencionan que no pueden entrar hasta que el proyecto esté construido y con un *track record* de operación; y que, aún en el caso de que pudieran ver su construcción, el máximo apalancamiento que podrían ver es 60%, y no un 70% como tú pedías. Además, todos necesitarán «*equity first*» que, según te explica tu director financiero, significa que tienes que desembolsar todo el dinero antes de poder disponer del préstamo. Sin embargo, uno de ellos te ofrece una alternativa: buscar una financiación institucional para financiar el desarrollo de las obras y el período de construcción. Aún no está todo perdido.

1.5. Financiación alternativa

A través de su equipo de *Debt Advisory,* pueden buscar financiación institucional mediante un fondo de inversión que invierta en deuda privada. Estos fondos se dedican a invertir en proyectos de los diferentes verticales de finanzas: corporativos, LBOs, infraestructuras, renovables, *Commercial Real Estate* (CRE), *Residencial Real Estate* (RRE)... Por escuchar, no pierdes nada.

1.6. Qué debe incluir el InfoMemo

Así pues, preparáis un *InfoMemo* donde recogéis todos los aspectos relevantes del proyecto:

- Resumen de la operación, información sobre el espónsor (es decir, «*YourBestCo-Living*»), sobre su equipo gestor, si el proyecto cuenta con principios ESG, ubicación del activo, situación del proyecto, información del constructor, estimaciones de P&L, calendario de construcción del proyecto, información del operador, desglose de Sources&Uses, financiación propuesta, comparables del proyecto...

Para tu sorpresa, el proyecto cuenta con un gran interés entre los inversores institucionales. De los ocho inversores que el equipo de financiación alternativa del banco contacta, cinco de ellos presentan una oferta indicativa no vinculante. También se han recibido propuestas para participar en el *equity* del proyecto: el interés es evidente.

Todos los inversores piden ser contactados para una reunión presencial y poder ver en detalle el proyecto, dos de los inversores solicitan una visita al terreno.

A continuación, se resumen las tres mejores ofertas recibidas:

	Inversor A	**Inversor B**	**Inversor C**
LTC / Préstamo total	60% / 18.000.000€	70% / 21.000.000€	50% / 15.000.000€
Vencimiento	4+1 años	5 años	3+1+1 años
Amortización	Bullet	Amortizing (3 yrs grace period) Balloon 75%	Bullet
Tipo de interés	Flotante	Flotante	Fijo
Margen	5,5%	6%	8%
Tipo de referencia	E3M (1% Floor & 5% Cap)	E3M (2% Floor & 4% Cap)	NA
Pago de intereses	PIK (2y) + cash	Cash (Interest Reserve)	PIK (4.5%) + Cash (4.5%)
Comisión de extensión	0,75%	NA	0,5%
Comisión de no disponibilidad	1%	2,1%	1,5%
Comisión de apertura	2,25%	2,25%	1,5%
Comisión de salida	0,75%	2%	NA
Comisión de cancelación anticipada	1.275x	24 months + 2% of the amount reimbursed	18 months

Sin entender mucho de los diferentes significados de los parámetros de la financiación, le consultas a tu director financiero qué opción le parece mejor, a lo que te responde: «la única que nos aporta todo el capital que necesitamos es la del inversor B, sin embargo, el precio a pagar es alto: el tipo de interés es más caro, debemos amortizar desde el año 3 y las comisiones son, con diferencia, las más caras».

A continuación, te menciona que otra opción que se le ocurre es aceptar la oferta del inversor C, y conseguir los otros 6 millones de euros mediante *equity*. Como se puede ver en la tabla, la opción C es la mejor en cuanto a términos económicos, si bien su nivel de apalancamiento es el menor.

Tras realizar los cálculos pertinentes, tu director financiero te comenta que lo mejor es decantarse por la opción del inversor A y conseguir otros 3 millones mediante levantamiento de capital. Sus argumentos se basan en:

1. El apalancamiento se acerca mucho a vuestro objetivo;
2. el precio es muy competitivo;
3. el vencimiento de 4 años encaja perfectamente con vuestras estimaciones de 18 meses de construcción, más 2 años de *ramp-up*, hasta que el proyecto pueda ser refinanciado por un banco.

Así pues, guiado por tu director financiero, escogéis esta opción. El proceso de cierre de la operación no es fácil: realización de una *Due Diligence* legal, una *Due Diligence* técnica, constitución de una SPV para aislar el proyecto, visto bueno a la constructora, elección de abogados, redacción de la documentación legal...

1.7. Dues legal, técnica, financiera

El inversor elige a las entidades que van a realizar estos estudios, suelen ser consultoras internacionales, a quienes le daréis acceso a toda la información requerida. El objetivo es respaldar con documentación legal, técnica, Administraciones Públicas, todo lo ya detallado en la descripción del proyecto.

1.8. Firma del contrato de financiación

Cuando cerráis el contrato de financiación, ante notario, la licencia de construcción está ya casi al caer. Tan solo un mes después, las grúas ya están haciendo el movimiento de tierras y el proyecto empieza a coger forma. Como suele ser costumbre en estos casos, la construcción sufre algunos retrasos y gastos imprevistos. Afortunadamente, al cerrar la financiación, el inversor institucional A había exigido la constitución de una cuenta de contingencias por un 10% del total de la inversión estimada, esto es, unos 3 millones de euros.

Finalmente, llega el gran día. Tras 9 años desde tu vuelta de Atenas, por fin cumples el sueño de tener una «The Little Commune» malagueña. Tu director financiero te comenta que ha tanteado varios bancos y ahora sí está seguro de que podrían entrar en una hipotética refinanciación. No obstante, te menciona que, al estar recién operativo, el precio podría ser algo alto. Además, te recuerda que, si refinancias la deuda institucional antes del vencimiento, tienes que pagar una comisión de cancelación anticipada. Decidís esperar.

Tras año y medio de operación, podéis decir que vuestro último coliving es también un éxito. Ahora sí, quedan apenas 7 meses para el vencimiento de la deuda y es momento de pensar en buscar una refinanciación al préstamo institucional.

1.9. Financiación bancaria

Como al proyecto le está yendo tan bien, la generación de caja está superando las expectativas, y, al primer año de apertura, se ha conseguido un *Net Operating Income* de unos 4 millones de euros, con además una clara tendencia alcista MoM. Si las cosas siguen así, se batirán hasta las previsiones más optimistas.

Tras estudiar bien la operación, llegan las ofertas bancarias. Si bien el proyecto y activo gustan, todos te indican que el importe es algo alto para asumirlo ellos solos, y más habida cuenta que tu exposición con ellos es residual. Te explican que cuando un espónsor no tiene operaciones bancarias previas y no tiene un *pool* bancario que haya financiado las operaciones, el riesgo que el banco puede asumir es menor al no conocer todavía bien a ese espónsor.

Sin embargo, dos de ellos te ofrecen una propuesta de coordinación con una aprobación propia del 25% del importe, lo que significa que ellos asumirán el 25% y el resto tratarán de obtenerlo de otras entidades, canalizando únicamente con ellos toda la relación del préstamo sindicado.

Además, te ofertan una financiación en los siguientes términos:

Modalidad	Préstamo Hipotecario a Largo Plazo
LTV	60% (Valor estimado EUR 40M)
Importe Total	24.000.000 €
Período de disposición	A la firma del contrato
Plazo	6 años
Amortización	Amortización trimestral creciente
Margen	EUR3m + [215]bps

Comisión Apertura	1%
Garantías	• Hipoteca primer rango sobre la Finca registral donde se ubica el Activo. Responsabilidad hipotecaria 125%. • Resto garantías habituales en este tipo de financiaciones (pignoración acciones, cuentas, seguros, etc.). • Cesión y pignoración de los derechos de crédito de todos los contratos del proyecto.
Tasación ECO	[Pendiente]
Covenants financieros	• RCSD mínimo del 1,2x (*Default - hard covenant*). • LTV máx. 65% durante toda la vida de la financiación.

A priori, la idea suena muy bien, no solo vas a poder refinanciar los 18 millones del anterior préstamo, sino que además vas a poder llevarte un *recap* de 6 millones de euros.

Para que los bancos den su aprobación a una operación así, es necesario tener toda la documentación disponible y ser proactivos en el proceso. Entre la documentación necesaria para la aprobación de las entidades, destacan: Valoración ECO, *Due Diligence* legal y técnica, Cuentas Anuales auditadas del espónsor, Cuentas Anuales auditadas del operador, contrato de O&M, modelo financiero (auditado si es posible), información detallada del espónsor... Además, es muy importante que el espónsor se muestre predispuesto a responder a todas las preguntas que los originadores de los diferentes equipos, y sus equipos de riesgos, van a realizar. Muchas de ellas podrán ser respondidas por la entidad coordinadora, pero otras tendrá que ser el propio espónsor el que las conteste.

1.10. Venta o alquiler del activo

Dada la demanda de este tipo de activos, te contacta un fondo americano de reconocido prestigio para hacerte una oferta de compra, dado que está construyendo un portfolio de este tipo de activos. Al mismo tiempo te contacta un operador a nivel mundial que quiere firmar un acuerdo de alquiler a 10 años con posibilidad de compartir un porcentaje de los beneficios por alta ocupación. Dado que ya tienes una edad y ves que la globalización es imparable, decides alquilarlo y regresas a repetir tu viaje a Atenas, esta vez a un hotel de lujo.

Con esta narración, hemos querido compartir de manera amena y realista todas las dificultades que existen para acceder a la financiación ya sea bancaria o alternativa de estos activos. Hemo usado este ejemplo enfocado al turismo, pero todos sabemos que hay un cambio estructural en el sector de la vivienda y ahora los «espacios habitacionales» son muy variados.

«La arquitectura determina la sociedad. Hoy en día vivimos como vivimos por la arquitectura. La arquitectura determina cómo habitamos, cómo nos movemos, cómo vivimos», Tatiana Bilbao[1].

[1] *El Confidencial*, entrevista a la Arquitecta Tatiana Bilbao.

CAPÍTULO XIII

VALORACIÓN DEL COLIVING

Marta Lozano
Dir. Calidad y Fomación Técnica GESVALT

Es importante profundizar y estudiar la valoración de inmuebles Coliving, puesto que la valoración será una de las fases por la que seguramente pasará un promotor que compra un terreno con el ánimo de promover, construir y vender o sacar rendimiento de un edificio destinado a coliving. Estaríamos en la misma situación si habláramos de la transformación de un edificio ya existente.

Para afrontar la valoración de estos activos no hay que perder de vista el amplio abanico de posibilidades habitacionales que engloba, teniendo como denominador común un espacio privativo más o menos grande y con más o menos servicios y, por otro lado, diferentes espacios comunes o compartidos.

Puntos fundamentales a tener en cuenta en la valoración de estos inmuebles:

1. Es importante señalar que el Coliving como tipología no está recogida en ninguna de las normas de valoración, no solo en la Orden ECO/805/2003, de 27 de marzo, sobre normas de valoración de bienes inmuebles y de determinados derechos para ciertas finalidades financieras, tampoco en la Normativa Catastral o en la Ley de Suelo.
2. Escasa regulación propia que dificulta el enfoque de la valoración, aunque se ha empezado a regular en ciudades como Barcelona, Madrid o Valencia.
3. El tasador pues se enfrenta al reto de «encajar» esta nueva tipología, que es una realidad cada vez más presente, con los diferentes

métodos de valoración y los nuevos conceptos de espacios compartidos, con respecto a la regulación de estos espacios.

4. Si hablamos de tipologías, podemos enfocarlo desde dos puntos de vista: espacios residenciales privativos más espacios comunes compartidos llevándonos a pensar esta suma de espacios en un inmueble residencial, pero si pensamos en un espacio residencial para ser ocupado (por medio de un arrendamiento) por una temporada más o menos amplia y con un operador que gestiona estos espacios y que ofrece servicios complementario como vigilancia, limpieza lavandería, conectividad, gimnasio o restauración, podemos entonces pensar más en su analogía con un hotel o una residencia de estudiantes, es decir, en una explotación económica.
5. Una tipología nueva, una escasa regulación propia y un difícil encaje con las normas urbanísticas actuales, hace que no se haya fijado una metodología de valoración de estos espacios compartidos.
6. Por último, tendremos que estudiar el suelo en el que se ha desarrollado o se va a desarrollar la promoción, porque el punto de vista de la valoración cambiará dependiendo de si el suelo tiene un uso residencial o, por el contrario, tiene un uso terciario hospedaje.

¿Por tanto, qué tenemos que tener en cuenta en la valoración?

- Suelo en el que se ha desarrollado la promoción.

  - Suelo terciario hospedaje. La valoración se planteará como un edificio en explotación económica. La valoración se realizará de forma conjunta, todo el edificio está ligado a la explotación, con prohibición de división horizontal. Si la tasación se hace para la propiedad y existe un tercero (operador) que realiza la gestión del inmueble la valoración se realizará en función de las rentas pactadas entre propiedad y operador y se tendrá en cuenta el período de duración del contrato, las rentas, los gastos asumidos por cada una de las partes... Si el inmueble lo explota la propiedad se valorará en función de las rentas que genera la explotación en su conjunto, y se tendrán en consideración las cuentas de explotación que nos aporte la propiedad con las rentas generadas por el inmueble, tasa de ocupación, costes ligados a la explotación… para el caso de una valoración hipotecaria se certificará el valor menor entre coste y el valor de explotación.
  - Suelo Residencial. La valoración se planteará atendiendo al uso y tipología permitida. Se podrán valorar inmuebles independientes de una división horizontal, como viviendas,

por coste, por comparación y se incluirá actualización de rentas de mercado al entenderse que son inmuebles destinados fundamentalmente a generar rentas. Si además existe en el momento de la visita un inquilino se valorará también la actualización de rentas de contrato, que tendrán que acogerse a la LAU por tratarse de viviendas. La diferencia fundamental con otras tipologías de inmuebles residenciales será que la relación entre superficie útil y construida con comunes será mucho mayor en los inmuebles de residencial con espacios compartidos. La opción mejor es poder comparar con inmuebles de la misma tipología, pero a falta de comparables en el mercado inmobiliario se comparará con inmuebles residenciales tradicionales.
Estas viviendas tendrán que tener una superficie útil mínima marcada por las normativas urbanísticas locales.

- Si existe división horizontal con la opción de dividir la propiedad o sin posibilidad de división horizontal y un único propietario (+ operador o gestor).
  A efectos valorativos si la valoración se plantea como unidad de explotación (similar a la valoración de un hotel o residencial de estudiantes o de residencia de mayores), ya sea por el suelo en el que se ha construido, bien por el tipo de gestión que se realiza, será indispensable valorar como conjunto y, por tanto, para una valoración hipotecaria, que siga la Orden ECO, se tratará de una única finca registral y es importante señalar que en el caso de que hubiera una división horizontal la valoración saldrá condicionada a la agrupación (vinculación) registral.
  Sin embargo, si existe DH y el inmueble se sitúa en un suelo residencial, las unidades registrales podrán tener valor de forma independiente, tendrán un uso residencial a todos los efectos, tendrá Licencia de Primera Ocupación y Cédula de Habitabilidad. Se valorarán, por tanto, por comparación, utilizando la superficie construida con comunes para poder «igualar» con residencial tradicional y poder hacer un trabajo de homogeneización para la obtención del valor.

- Si existe regulación estatal o autonómica.
  Será fundamental estar atentos a todos los cambios regulatorios, tanto autonómicos como estatales que puedan influir en la valoración de espacios compartidos, ya que según lo regulado habrá que estudiar cómo encajarlos en cada valoración fundamentalmente si nos referimos a tasaciones regladas como son las tasaciones

hipotecarias, pero también para poder reclamar en las tasaciones fiscales, catastrales o saber cómo actuar en las valoraciones expropiatorias donde estas tipologías no están recogidas.

- o Si se contempla la tipología y uso en el planeamiento urbanístico.
  De igual forma, en el ámbito de la valoración, tendremos que estar atentos a cómo los planeamientos autonómicos y locales se adaptan a estas nuevas tipologías edificatorias y cómo las califican dentro de los diferentes planeamientos.
- o Si los contratos se tienen que ajustar a la LAU o si se acogen al Código Civil, es decir, a lo que libremente acuerden las partes. Mientras no se regulen contratos específicos para estas nuevas tipologías, tendremos que atenernos al uso y tipología del suelo y en función de si estamos valorando como uso residencial o terciario hospedaje.

1. MÉTODOS DE VALORACIÓN

Si atendemos a su naturaleza residencial, la valoración se realizará por los siguientes métodos:

1.1. Método de comparación

El método de valoración por comparación consiste en calcular el valor de mercado de un inmueble mediante el análisis comparativo con inmuebles de características similares y sustitutivos del mismo.

El método se basa en el principio de sustitución: el valor de un inmueble es equivalente al de otros activos de similares características sustitutivos de aquel.

Para la utilización de este método será necesario que se cumplan los siguientes requisitos:

- La existencia de un **mercado representativo** de los inmuebles comparables.
- Disponer de suficientes datos sobre transacciones u ofertas que permitan, en la zona de que se trate, identificar parámetros adecuados para realizar la homogeneización de comparables.
- Disponer de **información suficiente** sobre al menos seis transacciones u ofertas de comparables que reflejen adecuadamente la situación actual de dicho mercado.

El procedimiento se basa **en analizar el inmueble que tenemos que valorar**, realizando un análisis de las cualidades y características propias del inmueble tasado que influyan en su valor, **realizar un estudio de mercado** que consistirá en realizar un análisis segmento inmobiliario de los comparables (localización, uso y tipología) obteniendo transacciones reales y/u ofertas firmes, respecto al que se valora, y obtener así precios actuales de compraventa al contado de los citados inmuebles, **estudio de las muestras obtenidas**, realizando una selección de las mismas descartando aquellos testigos que no sean homogéneos, **homogeneización de los comparables** fijando los coeficientes de homogeneización con los criterios y ponderaciones que consideren las diferencias y analogías observadas entre las características de las muestras y el inmueble que estemos tasando y, por último, **asignación de valor**, neto de gastos de comercialización.

El estudio de mercado se basará en inmuebles con el mismo uso y tipología y para la ponderación servirán los mismos criterios que para una vivienda tradicional, es decir, superficie de vivienda, planta de ubicación, antigüedad, iluminación natural, calidad de vistas, existencia de ascensores, número de dormitorios/baños frente a superficie, conservación, mejoras, reformas, existencia de anexos como garaje y/o trastero, y a estas añadiremos otras ponderaciones propias de los coliving que afectarán directamente a su valor de tasación por comparación:

- **Tamaño y diseño**: El tamaño de la unidad de alojamiento privativo y la calidad de su diseño y construcción.
- **Comodidades y servicios**: La calidad y variedad de las comodidades y servicios comunes ofrecidos en las zonas compartidas podrá ser determinante en la configuración del valor. Nos referimos al conjunto de estancias compartidas como comedor, cocina, zona de lavado y secado de ropa, zonas de ocio y/o de trabajo, así como a los servicios ofertados, como vigilancia, limpieza, lavandería, conectividad, gimnasio o restauración.

Por tanto, como se ha podido ver, la valoración por el Método de Comparación es viable, pero será necesaria la existencia de una oferta suficiente para poder realizar esa comparación con inmuebles que se consideren comparables y, por tanto, va de la mano del aumento de promociones de esta tipología y esto será posible en las zonas en las que exista una mayor demanda, así como una más avanzada regulación.

1.2. Método de actualización de las rentas

Por su configuración, su espíritu de inmueble residencial con vocación de interrelación de usuarios a través de sus espacios compartidos y su definición como alojamiento destinado a satisfacer las necesidades temporales de los usuarios, estos inmuebles van fundamentalmente dirigidos al alquiler por temporadas más o menos largas y, por tanto, se valorarán en función de las rentas esperadas.

El propietario o el posible comprador de este tipo de inmueble espera poder obtener una rentabilidad para lo que se considerarán los ingresos potenciales del coliving a través de alquileres y otros servicios para determinar su valor.

El Método de Actualización se basa en el principio de anticipación, según el cual el valor de un inmueble es función de las expectativas de renta que previsiblemente proporcionará en un futuro.

Este método busca obtener el valor de la finca en función de la capacidad que tiene de producir renta, por tanto, se considera al inmueble como si fuera una inversión a largo plazo.

Existen dos procedimientos posibles en el método de actualización:

1. Actualización de la renta actual.
2. Actualización de las rentas esperadas.

Para poder utilizarse se debe cumplir al menos uno de los requisitos siguientes:

- la existencia de un mercado de alquileres representativo de comparables,
- la existencia de un contrato de arrendamiento sobre el inmueble objeto de valoración,
- que el inmueble valorado esté produciendo o pueda producir ingresos como inmueble ligado a una actividad económica y además existan suficientes datos contables de la explotación o información adecuada sobre ratios estructurales medios de la rama de actividad correspondiente.

Por tanto, se trata de calcular el valor actual de unas rentas futuras, siendo su fundamento matemático el siguiente: el valor actual de un Capital «Cn» que se recibirá al cabo de «n» años a una tasa de descuento anual «i», será:

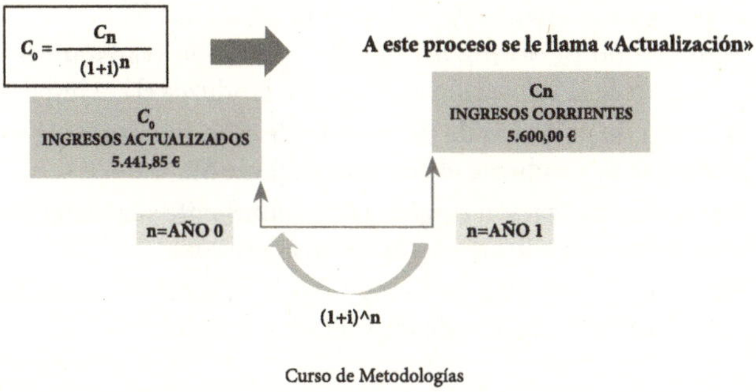

FUENTE: Elaboración propia.

El cálculo del Valor de Actualización seguirá el siguiente proceso:

- Estimar los flujos de caja

Inmuebles arrendables sin contrato → Hasta final de la vida útil.
Inmuebles con contrato de arrendamiento → Hasta la finalización del contrato.

- Estimar el valor de reversión

Inmuebles arrendables sin contrato → Valor del inmueble al final de la vida útil (valor del suelo).
Inmuebles con contrato de arrendamiento → Valor del inmueble en el momento de la finalización del contrato.

- Elegir el tipo de actualización

En base a indicadores macroeconómicos.
Aplicando criterios definidos por la Sociedad de Tasación.
Teniendo en cuenta las circunstancias y el riesgo del inmueble a valorar.

- Aplicar la fórmula de cálculo

$$VA = \sum \frac{E_j}{(1+i)^{tj}} - \sum \frac{S_k}{(1+i)^{tk}} + \frac{\text{Valor de reversión}}{(1+i)^n}$$

VA	Valor por actualización.
Ej	Importe de los cobros imputables al inmueble en el momento J.

Sk	Importe de los pagos previstos en el momento K.
tj	Número de períodos de tiempo que debe transcurrir desde el momento de la valoración hasta que se produzca el correspondiente Ej.
tk	Número de períodos de tiempo desde el momento de la valoración hasta que se produzca el correspondiente Sk.
i	Tipo de actualización elegido correspondiente a la duración de cada uno de los períodos de tiempo considerados.
n	Número de períodos de tiempo desde la tasación hasta el final del período de estimación de los ingresos esperados n.

Para que se entienda de una manera gráfica:

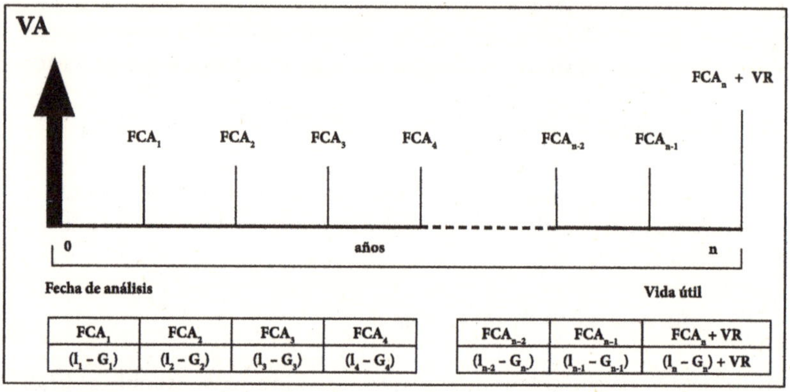

Esquema de rentas de mercado

Vreversión = Suelo

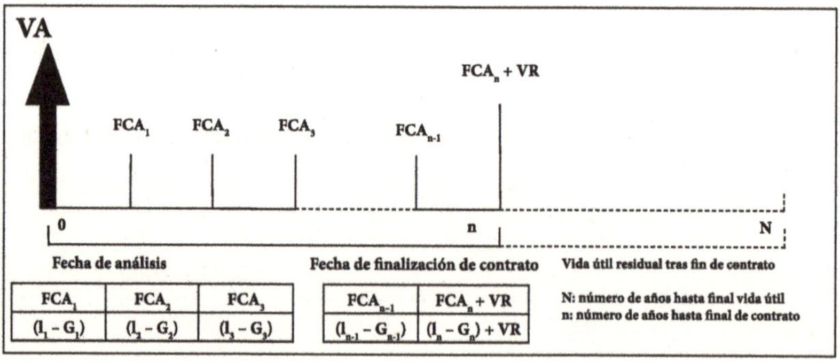

FUENTE: Elaboración propia.

Esquema de rentas de contrato

Vreversión = Valor de mercado del inmueble al finalizar el contrato depreciado.

Pasos en la actualización de rentas de mercado:

- Buscar al menos seis testigos comparables de inmuebles en renta en la zona.
- Homogeneizar los testigos para lograr la idoneidad de la muestra.
- Obtener el valor unitario.
- Obtener la renta neta anual.
- Actualizar el valor en función de los indicadores económicos y de riesgo inmobiliario.
- Obtener el valor de reversión del inmueble, y sumárselo a la actualización.

Pasos en la actualización de rentas de contrato:

- Estudiar datos del contrato arrendamiento.
- Fecha de firma de contrato (ley de arrendamiento a la que se acoge).
- Duración del contrato.
- Renta pactada.
- Periodicidad de cobro.
- Costes.
- Calcular valor del inmueble por Coste y por Comparación.
- Actualizar el valor en función de los indicadores económicos y de riesgo inmobiliario.
- Obtener el valor de reversión del inmueble, y sumárselo a la actualización.

1.3. Pasos en la actualización de inmuebles en explotación económica

Para la valoración de explotaciones económicas hay que seguir el artículo 30 de la Orden ECO y se podrá aplicar a aquellos inmuebles que se encuentren ligados a una actividad económica en el momento de la fecha de emisión del informe de tasación.

Se estimarán los flujos de caja de la explotación durante el período de tiempo en que previsiblemente vaya a continuar la misma y se tomarán los que son imputables al inmueble.

Los flujos de caja a que se refiere el apartado anterior serán las cuantías medias del sector de actividad en el que se integre dicha explotación. Dichas cuantías medias se corregirán razonadamente por localización o características particulares del inmueble tasado o cuando las perspectivas económicas de dicho sector modifiquen la probabilidad de obtener los ingresos netos previstos por dicha explotación.

Para calcular los ingresos que son imputables al inmueble se tomarán los flujos de caja operativos determinados según el apartado anterior y se tendrá en cuenta el valor relativo del mobiliario y equipo no inmobiliario.

Cuando no existan las cuantías medias del sector, se utilizarán las propias de la explotación de que se trate siempre que se disponga de datos de al menos, los dos últimos años. En el caso de tratarse de una explotación en proyecto, se tendrán en cuenta las cuantías previsionales aportadas por los titulares de la futura explotación, siempre que sean completas y alcancen al menos tres ejercicios.

Calcular los costes asociados a la explotación.

Período que se prevea va a durar la explotación.

Actualizar el valor en función de los indicadores económicos y de riesgo inmobiliario

Obtener el valor de reversión del inmueble, y sumárselo a la actualización.

2. CÁLCULO DEL VALOR DE REVERSIÓN

- Cuando los flujos de caja se calculan para inmuebles con mercado de alquileres, el valor de reversión al final de su vida útil será el valor en esa fecha del terreno en el que está edificado. Para ello:

  - Se calculará el valor del terreno en la fecha de la tasación por el método residual o por comparación.
  - Dicho valor se ajustará con la plusvalía o la minusvalía que resulte razonable y sea debidamente justificada, teniendo en cuenta la localización, uso y evolución del mercado de inmuebles comparables.

- Cuando los flujos de caja se calculan para inmuebles en arrendamiento, el valor de reversión será el valor previsible del inmueble al final del contrato. Para ello se calculará el valor del inmueble libre de inquilinos en la fecha de la tasación aplicando el método de valoración correspondiente y se ajustará restando la depreciación física y funcional de la edificación, calculada de acuerdo con el método del coste.

- Cuando los flujos de caja se calculen para inmuebles en explotación económica, para estimar el valor de reversión al final del período de tiempo en que previsiblemente vaya a continuar la explotación, se tomará su valor de reemplazamiento neto en dicho momento. Para ello se tendrá en cuenta lo siguiente:

  - Se calculará el valor del suelo en la fecha de la tasación y se ajustará con la plusvalía o la minusvalía que resulte razonable.
  - La depreciación de las edificaciones se corresponderá con el período citado.

CAPÍTULO XIV

INTELIGENCIA ARTIFICIAL. EL FUTURO DEL COLIVING

Ana Lozano
Fundadora y CEO de NIDUS LAB y VALENTHIA STRATEGY

1. INTRODUCCIÓN

La inteligencia artificial (IA) no es solo una colección de herramientas tecnológicas; es una fuerza transformadora que está cambiando profundamente la cultura de cómo vivimos y trabajamos.

En el contexto del Coliving, la IA tiene el potencial de poner al ser humano en el centro de esta transformación, ampliando sus capacidades y permitiéndole concentrarse en actividades de alto valor añadido en su desempeño profesional, liberándolo de tareas tediosas y repetitivas, lo que a la postre puede redundar en reducir la jornada de trabajo y dedicar más al ocio y tiempo libre. Esto a su vez tiene un impacto enorme en la forma en la que articulan las distintas actividades y en los lugares para su desempeño, contribuyendo significativamente a la tendencia de deslocalización y evolución de los espacios de convivencia que dieron precisamente sentido a la flexibilización del uso residencial.

Cuando esta disrupción se encuentra con un sector que ya está redefiniendo los conceptos tradicionales de alojamiento y vida urbana, se abre una oportunidad inigualable para crear soluciones y servicios innovadores que no están ya conformados ni limitados por las prácticas tradicionales. En este capítulo, exploraremos cómo la IA puede ser un potente vehículo de transformación para el coliving y otros modelos contemporáneos de alojamiento, revolucionando cada etapa de la cadena de valor y mejorando la experiencia de vida compartida de manera extraordinaria.

2. HISTORIA Y EVOLUCIÓN DE LA IA

Sin ser el objetivo único de este capítulo, parece oportuno abordar de forma somera y divulgativa el concepto mismo de Inteligencia Artificial (IA), para facilitar al lector menos experto navegar entre las sinergias y oportunidades que esta plantea de forma específica en el sector inmobiliario y muy particularmente en su vertical de flex living.

La inteligencia artificial ha recorrido un largo camino desde sus primeros días como una teoría abstracta hasta convertirse en una fuerza tangible que impulsa innovaciones en todos los sectores. Podríamos definirla sencillamente como una rama de la informática que se centra en crear sistemas y programas que puedan realizar tareas que normalmente requieren inteligencia humana. Esto incluye cosas como aprender de la experiencia, entender el lenguaje natural, reconocer imágenes y tomar decisiones. La idea es que las máquinas puedan emular la forma en que los humanos piensan y resuelven problemas.

Desde los primeros programas capaces de batir a los grandes campeones de ajedrez, hasta las sofisticadas redes neuronales de hoy, la IA ha demostrado su capacidad para aprender y adaptarse, pasando de resolver problemas sencillos y lineales a cuestiones cada vez más complejas. En el sector inmobiliario, y específicamente en el coliving, estas capacidades pueden ser aprovechadas para crear entornos de vida más inteligentes y personalizados, centrados en la experiencia del usuario y la creación de valor en toda la cadena.

2.1. Avances clave en la IA

Los primeros desarrollos en IA se centraron en tareas específicas como la lógica y el razonamiento, pero con el tiempo, el enfoque se amplió para incluir el aprendizaje automático (*machine learning*), el aprendizaje profundo (*deep learning*) y las redes neuronales. Estas tecnologías han permitido avances significativos en áreas como el reconocimiento de voz, la visión por computadora y el procesamiento del lenguaje natural. En el coliving, estas tecnologías ofrecen una oportunidad sin igual en campos tan diversos como la personalización de servicios, la optimización de recursos y la creación de experiencias más enriquecedoras para los residentes.

2.2. Impacto en el sector inmobiliario

La IA ha comenzado a influir en el sector inmobiliario de múltiples maneras. Desde la predicción de precios y tendencias del mercado hasta la automatización de procesos, incluidos los de diseño, y la mejora de la eficiencia energética de los edificios, la IA está revolucionando cómo se gestionan y desarrollan los activos inmobiliarios. En el coliving, estas innovaciones se pueden traducir en una mejor gestión de las propiedades, una experiencia de usuario más personalizada y enriquecida y una mayor sostenibilidad.

3. LAS MÚLTIPLES CARAS DE LA IA

Sin ánimo de abordar aquí una explicación científica de las distintas técnicas y aplicaciones de la IA, proponemos recoger de forma somera las más relevantes para guiar al lector en el estado del arte y facilitar la identificación de la solución más adecuada para afrontar el reto de cada fase.

3.1. Aprendizaje supervisado *vs.* no supervisado

El aprendizaje supervisado y no supervisado son técnicas fundamentales en la IA, ya que describen el procedimiento por el que se validan los sistemas de aceptación o rechazo de los resultados que se basan en métodos predictivos, que a su vez pueden ser deterministas o no. Estas herramientas permiten recrear multitud de escenarios viables y plausibles a partir de datos estadísticos reales o de datos sintéticos obtenidos previamente usando esos mismos catálogos de reglas y algoritmos.

En el coliving, estas técnicas pueden optimizar la caracterización y asignación de espacios y adaptarse a las necesidades cambiantes de los residentes. El aprendizaje supervisado utiliza datos históricos para predecir resultados futuros. Por ejemplo, los algoritmos pueden analizar patrones de ocupación pasada para prever la demanda futura y ajustar las tarifas en consecuencia. Esto no solo ayuda a maximizar los ingresos, sino que también asegura que los residentes encuentren espacios que se ajusten a sus necesidades.

El aprendizaje no supervisado, por otro lado, puede descubrir patrones ocultos en los datos, como la formación de subcomunidades dentro del coliving no identificadas inicialmente. Al analizar grandes volúmenes de datos, los algoritmos pueden identificar grupos de residentes con intereses comunes y sugerir actividades o eventos que fomenten la interacción social y la cohesión comunitaria.

3.2. *Deep learning* y redes neuronales

El *deep learning* y las redes neuronales permiten, por ejemplo, una personalización profunda y el reconocimiento de patrones de comportamiento de los residentes. Estas técnicas pueden optimizar el uso de recursos, ajustando automáticamente la temperatura, iluminación y otros parámetros en función de las preferencias individuales y comportamientos observados. Por ejemplo, un sistema de IA puede aprender que un residente prefiere una temperatura más baja por la noche y ajustar el termostato en consecuencia. Esto no solo mejora la eficiencia energética, sino que también crea un entorno más confortable y adaptativo sin esfuerzo.

Las redes neuronales también pueden utilizarse para analizar datos de sensores y dispositivos IoT (Internet de las Cosas) para mejorar la seguridad y la gestión de los edificios. Por ejemplo, los sistemas de IA pueden monitorear las cámaras de seguridad en tiempo real y alertar al personal de seguridad sobre comportamientos sospechosos, mejorando la protección de los residentes.

3.3. IA simbólica

La IA simbólica, que se basa en reglas y lógica, puede automatizar procesos contractuales, acuerdos y la gestión interna de proyectos de coliving. Este tipo de IA puede manejar tareas administrativas complejas, como la redacción y gestión de contratos de alquiler, la coordinación de servicios y la resolución de disputas, liberando tiempo para que los gestores se concentren en aspectos más estratégicos. Por ejemplo, los contratos inteligentes (*smart contracts*) basados en *blockchain*, pueden automatizar la ejecución de acuerdos de alquiler, asegurando que se cumplan los términos legales y reduciendo la necesidad de intermediarios.

3.4. Arquitectura generativa

La IA generativa tiene una aplicación valiosísima en la automatización y optimización de los procesos propios de la inversión inmobiliaria, facilitando la toma de decisiones informadas en las fases más tempranas, reduciendo la incertidumbre, los plazos y los costes, y mejorando la eficiencia y rentabilidad de las operaciones.

4. LA RELEVANCIA DEL DATO EN LOS SISTEMAS DE IA

Para que los sistemas de IA sean efectivos, necesitan datos de alta calidad y en cantidad suficiente. En el coliving, hay múltiples oportunidades para recopilar datos valiosos a lo largo de toda la cadena de valor, desde el diseño y la construcción hasta la gestión operativa y la experiencia del residente. Estos datos no solo permiten entrenar los algoritmos de IA, sino que también proporcionan *insights* valiosos que pueden mejorar la toma de decisiones y la optimización de recursos.

4.1. Fuentes de datos en el coliving

— Diseño y Construcción: Los datos sobre tipologías de habitaciones y zonas comunes, mix comercial, patrones de uso del espacio, paletas de materiales, texturas y colores, y eficiencia energética pueden ser recopilados durante la fase de diseño y construcción. Estos datos pueden utilizarse para optimizar futuros proyectos y mejorar la eficiencia y sostenibilidad.

— Gestión Operativa: Además de toda la información tangible e intangible que los gestores aportan, y los resultados de encuestas de satisfacción de los usuarios, los sistemas de gestión de edificios inteligentes pueden recopilar datos en tiempo real sobre el uso de la energía, el estado de los equipos y la ocupación de los espacios. Estos datos permiten a los operadores optimizar la eficiencia operativa y reducir costes.

— Experiencia del Residente: Las interacciones de los residentes con los sistemas de gestión de propiedades, asistentes virtuales y plataformas de interacción social generan datos valiosos sobre sus preferencias y comportamientos. Estos datos pueden utilizarse para personalizar la experiencia del residente y mejorar la satisfacción.

— Análisis Predictivo: Los datos históricos sobre la ocupación, los precios y el uso de los servicios pueden ser analizados para prever tendencias futuras y tomar decisiones estratégicas. Esto incluye ajustar las tarifas en tiempo real, planificar el mantenimiento y desarrollar nuevos proyectos de coliving.

4.2. Importancia de la calidad de los datos

La calidad de los datos es crucial para el éxito de los sistemas de IA. Datos precisos, completos y relevantes permiten a los algoritmos aprender y tomar decisiones informadas. Pero es igualmente fundamental implementar procesos de gobernanza de datos que aseguren la calidad y la integridad de los datos recopilados.

5. APLICACIONES ESPECÍFICAS PARA EL SECTOR DEL COLIVING

5.1. ASISTENTES VIRTUALES

Los asistentes virtuales impulsados por IA están revolucionando la gestión de las necesidades diarias de los residentes. Estos asistentes pueden ayudar en la búsqueda de nuevos residentes, gestionar solicitudes de mantenimiento y proporcionar información sobre los servicios disponibles. Además, pueden integrar servicios externos, como la entrega de comida y la limpieza, mejorando la experiencia del residente.

Por ejemplo, un asistente virtual puede ayudar a un nuevo residente a encontrar el mejor espacio disponible en función de sus preferencias y presupuesto. Una vez instalado, el asistente puede gestionar solicitudes de mantenimiento, coordinar la entrega de paquetes y ofrecer recomendaciones personalizadas sobre actividades y eventos en la comunidad de coliving.

5.2. ANÁLISIS PREDICTIVO

El análisis predictivo es crucial para anticipar tendencias de ocupación, optimizar tarifas y detectar oportunidades de inversión. Los algoritmos de IA pueden analizar grandes volúmenes de datos para prever la demanda futura y ajustar los precios en tiempo real, maximizando los ingresos y manteniendo una alta ocupación. Este análisis también puede identificar las áreas donde se podrían abrir nuevas ubicaciones de coliving, basándose en tendencias demográficas y de mercado.

Por ejemplo, si los datos muestran un aumento en la demanda de espacios de coliving en una determinada área urbana, los operadores pueden considerar la expansión a esa área para captar nuevos residentes. Además, el análisis predictivo puede ayudar a identificar patrones de comportamiento que indican cuándo es probable que un residente se mude, permitiendo a los operadores tomar medidas proactivas para retener a los residentes y reducir la rotación.

5.3. Diseño asistido por IA

La IA puede asistir en el diseño de espacios adaptativos que respondan en tiempo real a las necesidades de los residentes, promoviendo la sostenibilidad y la eficiencia. Los algoritmos de diseño generativo pueden crear múltiples opciones de diseño que optimizan el uso del espacio y los recursos. Las simulaciones avanzadas permiten prever cómo se utilizarán estos espacios, asegurando que sean funcionales y atractivos.

Por ejemplo, un algoritmo de diseño generativo puede analizar los patrones de uso de los residentes y sugerir configuraciones de espacio que maximicen la eficiencia y el confort. Las simulaciones pueden predecir cómo fluirán las personas a través del espacio, identificando posibles cuellos de botella y áreas de congestión antes de que se construyan. Esto permite realizar ajustes en el diseño para mejorar la accesibilidad y la funcionalidad.

6. DESAFÍOS Y CONSIDERACIONES ÉTICAS EN EL COLIVING

6.1. Sesgo y equidad

Un desafío importante en la implementación de IA es garantizar que los sistemas sean justos y equitativos. Los algoritmos pueden heredar sesgos de los datos con los que fueron entrenados, lo que puede resultar en decisiones discriminatorias. Es crucial identificar y corregir estos sesgos para asegurar que todos los residentes sean tratados de manera equitativa.

Por ejemplo, si un algoritmo de IA se entrena con datos históricos que reflejan prácticas discriminatorias, podría perpetuar esos sesgos en sus decisiones. Para evitar esto, es importante utilizar datos diversos y representativos y aplicar técnicas de mitigación de sesgos. Además, se deben realizar auditorías regulares de los sistemas de IA para identificar y corregir cualquier sesgo que pueda surgir.

6.2. Privacidad y protección de datos

La gestión de datos personales plantea retos significativos en términos de privacidad en todos los ámbitos de aplicación de la IA, pero de forma muy especial cuando se refiere a comunidades compartidas. Los operadores de coliving deben cumplir con normativas de protección de datos como el GDPR (Reglamento General de Protección de Datos) y garantizar que los datos personales se manejen de manera segura y responsable.

Esto incluye implementar medidas de seguridad robustas y ser transparentes sobre cómo se utilizan los datos de los residentes.

6.3. Gobernanza de los datos: custodia y propiedad

No solo se trata de proteger y custodiar los datos, sino también de abordar la cuestión de la propiedad de los datos. En un entorno de coliving, donde se recopila una gran cantidad de datos sobre las actividades y preferencias de los residentes, es crucial definir quién tiene derecho a esos datos y cómo se pueden utilizar.

— Propiedad de los Datos: Con carácter general, los datos personales deben pertenecer a los individuos de los que se recopilan. Aunque este es un debate abierto en otras geografías, la reciente ley europea de IA, aunque pendiente de los reglamentos nacionales que la desarrollen, establece un marco legal de garantías a este respecto, y cataloga las actividades prohibidas y permitidas, así como las obligaciones tanto de sus creadores como distribuidores y desarrolladores.
Esto significa entre otras cosas que los residentes deben tener control sobre sus datos y el derecho a decidir cómo se utilizan. Los operadores de coliving deben obtener el consentimiento explícito de los residentes para la recopilación y el uso de sus datos, y proporcionar opciones claras para que los residentes gestionen sus preferencias de privacidad.

— Custodia de los Datos: Los operadores de coliving son responsables de custodiar los datos personales de los residentes de manera segura. Esto incluye implementar medidas técnicas y organizativas adecuadas para proteger los datos contra el acceso no autorizado, la divulgación y el robo. Además, los operadores deben garantizar que solo el personal autorizado tenga acceso a los datos personales y que estos se utilicen únicamente para los fines específicos para los que se recopilaron.

— Transparencia y Control: Es esencial ser transparente sobre las prácticas de recopilación y uso de datos. Los residentes deben estar informados sobre qué datos se recopilan, cómo se utilizan y con quién se comparten. Además, se deben proporcionar herramientas y paneles de control que permitan a los residentes acceder a sus datos, corregir errores y gestionar sus preferencias de privacidad. Esto no solo ayuda a proteger la privacidad, sino que también construye confianza entre los residentes y los operadores.

— Gobernanza de los Datos: La gobernanza de los datos implica establecer políticas y procedimientos claros para la gestión de datos personales, incluyendo la definición de roles y responsabilidades, la implementación de auditorías regulares y la creación de mecanismos de rendición de cuentas. Los operadores deben asegurarse de que los datos se gestionen de acuerdo con las leyes y regulaciones aplicables y que se tomen medidas proactivas para abordar cualquier problema de privacidad o seguridad que pueda surgir.

6.4. Transparencia y rendición de cuentas

La transparencia y la rendición de cuentas son esenciales para mantener la confianza de los residentes. Los operadores deben ser claros sobre cómo se recopilan, almacenan y utilizan los datos personales. El diseño de sistemas de IA ofrece una oportunidad para que sus decisiones sean comprensibles y explicables. Establecer mecanismos de responsabilidad claros también es fundamental para manejar violaciones de datos y otros incidentes de seguridad.

Por ejemplo, los operadores pueden implementar paneles de control que permitan a los residentes ver y gestionar sus datos, así como proporcionar informes transparentes sobre cómo se utilizan los datos y qué medidas se están tomando para proteger la privacidad. Además, se deben establecer canales de comunicación claros para que los residentes puedan plantear preocupaciones y recibir respuestas rápidas y efectivas.

7. IMPLICAR A LOS RESIDENTES EN LOS PROCESOS DE MEJORA: COMUNIDADES COHESIONADAS

Involucrar a los residentes en los procesos innovadores de mejora, utilizando los datos que voluntariamente desean compartir, los convierte en actores activos en la creación de un entorno mejorado. Este enfoque no solo fomenta una mayor confianza y transparencia, sino que también permite desarrollar soluciones que realmente respondan a las necesidades y expectativas de los residentes.

— Seguridad y Sostenibilidad: Los residentes pueden contribuir con datos que ayuden a mejorar la seguridad del edificio y la sostenibilidad.

— Acceso a Plazas Asequibles: Los datos proporcionados por los residentes pueden utilizarse para identificar y desarrollar estrategias que aumenten el acceso a plazas asequibles. Esto podría incluir la identificación de patrones de uso que permitan ofrecer tarifas más flexibles y accesibles a una mayor variedad de residentes.

— Mejora de la Experiencia del Usuario y de los Trabajadores: Los comentarios y datos de los residentes sobre su experiencia diaria pueden utilizarse para mejorar los servicios y la infraestructura del coliving en su evolución continua. Del mismo modo, la información sobre las interacciones y necesidades del personal puede ayudar a optimizar sus tareas y mejorar su experiencia laboral, creando un entorno más eficiente y satisfactorio para todos.

8. FUTURO DE LA IA EN EL COLIVING

8.1. Innovaciones emergentes

La IA está en constante evolución, y las innovaciones emergentes prometen transformar aún más el coliving en los próximos años. Desde la IA explicativa hasta los gemelos digitales y la realidad aumentada, estas tecnologías están abriendo nuevas posibilidades para la creación de comunidades inteligentes, sostenibles y saludables.

8.2. IA explicativa

La IA explicativa (*Explainable AI*) permite a los sistemas de IA explicar sus decisiones de manera comprensible para los humanos, aumentando la transparencia y la confianza. En el coliving, esto puede ayudar a los operadores y residentes a comprender mejor cómo se toman las decisiones y a garantizar que sean justas y equitativas.

8.3. Gemelos digitales

Los gemelos digitales son réplicas virtuales de activos físicos que pueden utilizarse para simular, predecir y optimizar el rendimiento de estos activos. En el coliving, los gemelos digitales pueden permitir a los operadores gestionar y mantener los edificios de manera más eficiente, plantear escenarios y simulacros de emergencia que pudieran requerir acciones críticas, predecir problemas antes de que ocurran y optimizar el diseño y la utilización de los espacios.

8.4. Realidad aumentada (AR) y realidad virtual (VR)

La AR y la VR tienen el potencial de transformar el diseño y la experiencia del residente en el coliving y facilitar en los procesos de comercialización a distancia. Los arquitectos y diseñadores pueden utilizar estas tecnologías para visualizar y modificar los espacios en tiempo real, mientras que los residentes pueden experimentar y personalizar sus entornos antes de mudarse.

8.5. Visión a futuro

La IA permitirá la creación de comunidades inteligentes donde todos los aspectos de la vida diaria estén interconectados y optimizados. La personalización será un aspecto clave del coliving en el futuro, mejorando la satisfacción del residente y fomentando una mayor cohesión comunitaria. La IA también jugará un papel fundamental en la mejora de la sostenibilidad y la eficiencia energética de los espacios de coliving, y tendrá un impacto significativo en la promoción de la salud y el bienestar de los residentes y trabajadores. La innovación continua y la adaptabilidad serán esenciales para mantenerse a la vanguardia de la tecnología y satisfacer las cambiantes necesidades de los residentes.

8.6. Comunidades inteligentes y conectadas

La IA permitirá la creación de comunidades inteligentes donde todos los aspectos de la vida diaria estén interconectados y optimizados. Esto incluye la integración de servicios como la seguridad, la gestión de residuos, la movilidad y la energía en una plataforma centralizada que utiliza IA para mejorar la eficiencia y la sostenibilidad. Por ejemplo, un sistema centralizado podría gestionar el consumo de energía de todo el edificio, ajustando automáticamente los niveles de calefacción y refrigeración en función de la ocupación y las condiciones climáticas.

8.7. Experiencia del residente personalizada y enriquecida

La personalización será un aspecto clave del coliving en el futuro. Los sistemas de IA podrán analizar las preferencias y comportamientos de los residentes para ofrecer experiencias altamente personalizadas, desde recomendaciones de actividades y servicios hasta la personalización del entorno físico. Esta personalización mejorará la satisfacción del residente y fomentará una mayor cohesión comunitaria.

8.8. Salud y bienestar

La IA también tendrá un impacto significativo en la promoción de la salud y el bienestar de los residentes. Los sistemas inteligentes podrán monitorear la calidad del aire, la iluminación y otros factores ambientales para crear entornos más saludables. Además, la IA podrá proporcionar recomendaciones personalizadas para mejorar el bienestar físico y mental de los residentes.

8.9. Innovación continua y adaptabilidad

La IA permitirá a los operadores de coliving mantenerse a la vanguardia de la innovación y adaptarse rápidamente a las cambiantes necesidades y expectativas de los residentes. Los sistemas basados en IA podrán analizar datos en tiempo real y proporcionar *insights* valiosos que informen la toma de decisiones estratégicas y la implementación de mejoras continuas.

9. CONCLUSIÓN: UNA LLAMADA A LA ACCIÓN

La inteligencia artificial está transformando cada aspecto de nuestra vida, y esta tendencia no puede ser ajena al impacto en la industria del coliving. Como hemos visto se abre un horizonte apasionante, capaz de ofrecer soluciones innovadoras que mejoran la eficiencia operativa, la sostenibilidad y la experiencia del residente. Desde el diseño y la planificación hasta la gestión operativa y la interacción diaria con los residentes, la IA está redefiniendo la manera en que vivimos y gestionamos nuestros espacios compartidos.

Para maximizar los beneficios de la inteligencia artificial en el coliving, es esencial que todos los actores del sector colaboren y encuentren el espacio óptimo para adoptar estas tecnologías de manera ética y responsable. Promotores, inversores, proveedores, arquitectos, operadores y residentes deben unirse para integrar el resto que supone la adopción de la IA en sus procesos y prácticas, asegurando que se utilice de manera que beneficie a todos los involucrados. Al hacerlo, podemos no solo mejorar la eficiencia operativa y la calidad del servicio, sino también construir comunidades más vibrantes, conectadas y sostenibles.

En última instancia, la integración de la inteligencia artificial en el coliving tiene el potencial de transformar nuestras vidas de maneras profundas y significativas. Juntos, podemos aprovechar el poder de la IA para construir un futuro mejor, donde la tecnología y la comunidad se unan para crear entornos de vida excepcionales y enriquecedores para todos.

PROPUESTA DE REGLAMENTO VIVIENDA PROTEGIDA CAMBIO A COLIVING

Jesús Ruiz
Cofundador y Socio SOLVERS LIVING

PROPUESTA DE TIPOLOGÍAS DE VIVIENDA PROTEGIDA «SOLUCIÓN JOVEN» EN SUELO DE USO RESIDENCIAL PROTEGIDO Y DOTACIONAL PÚBLICO PARA COMUNIDADES AUTÓNOMAS

Propuesta coliving

Esta solución de Coliving se asemeja a la tipología «Residencia compartida» recogida en la modificación puntual de las NN.UU. del PGOUM (Plan General de Ordenación Urbana de Madrid). En este caso se proponen unidades de alojamiento privativo con una dotación de espacios comunes.

Los espacios privativos deberán contar con superficie útil de 15 m^2 en el caso de estar destinados al alojamiento de una persona. En el caso de que dicho espacio esté destinado a más de una persona la ratio será de 10 m^2 por persona.

En cuanto a las zonas compartidas consideramos que el ratio mínimo debería estar en 2,5 m^2 por persona (no por unidad) , con un mínimo de 25 m^2 para el caso de una unidad.

Deberían tener las dotaciones descritas en el apartado 2.3 de esta propuesta y contar con espacios de lavado y secado de ropa, estancia comedor y cocina. Estos elementos podrán estar agrupados o bien distribuidos en distintos puntos del edificio. Una estructura típica sería la que cuatro o cinco unidades de alojamiento comparten una estancia comedora y una cocina. En ese caso resto de zonas compartidas como *coworking*, gimnasio, etc., podrían estar unificadas en un espacio común para todo el inmueble.

Propuesta cohousing

Esta solución se aproxima a la «Vivienda colectiva tipo 2» recogida en la modificación puntual de las NN.UU. del PGOUM y a la vez es similar estándares de los desarrollos «flex-living» que se están llevando a cabo por los promotores e inversores en la Comunidad de Madrid bajo licencia de hotel apartamento. De esta manera esta propuesta sería fácilmente adaptable a los suelos residenciales en el municipio de Madrid y seguramente a la mayoría de municipios, cumpliendo las superficies mínimas de vivienda exigidas por cada uno de ellos.

Sería interesante el que pudieran convivir en el mismo inmueble la tipología «Coliving» y la tipología «Cohousing» para dotar de una flexibilidad máxima a la hora de comercializar las unidades.

Planteamos las siguientes tipologías de vivienda:

A) *Tipología 1: Vivienda de espacio diáfano (mínimo 30 m² útiles).*

Se trata de una vivienda diáfana sin compartimentación excepto el baño. La superficie mínima será (cumple mínimos NN.UU. del PGOUM, pero es posible que no se implantable en algunos municipios en donde se tendrá que aumentar esta superficie a la mínima admitida, seguramente hasta 36 m²):

- Baño: 3 m², compuesto por bañera/ducha, lavabo e inodoro…
- Resto de espacios diáfanos abiertos, 27 m²: 7 m² cocina + 8 m² estar-comedor + 12m² dormitorios.
- Dicha vivienda se complementará con al menos 2 m² de zonas comunes cubiertas (Superficie utilizable total a efectos de módulo y renta: 32 m²).

B) *Tipología 2: Vivienda de un dormitorio (mínimo 36 m² útiles).*

Se trata de una vivienda con baño y dormitorio, ambos compartimentados. La superficie mínima será:

- Baño: 3 m², compuesto por bañera/ducha, lavabo e inodoro…
- Dormitorio compartimentado: 12 m².
- Resto de espacios, diáfanos o no: 7 m² cocina + 14 m² estar-comedor.

Dicha vivienda se complementará con al menos 2 m² de zonas comunes cubiertas (Superficie utilizable total a efectos de módulo y renta: 38 m²).

C) *Tipología 3: Vivienda de dos dormitorios (mínimo 46 m² útiles).*

Se trata de una vivienda con baño y dos dormitorios compartimentados. La superficie mínima será:

- Baño: 3 m², compuesto por bañera/ducha, lavabo e inodoro…
- Dormitorio 1 compartimentado: 12 m².
- Dormitorio 2 compartimentado: 8 m² (Se podría bajar a 7 m² mínimo).
- Resto de espacios, diáfanos o compartimentados (23 m²): 7 m² cocina + 16 m² estar-comedor.

Dicha vivienda se complementará con al menos 3 m² de zonas comunes cubiertas (Superficie utilizable total a efectos de módulo y renta: 49 m²).

Propuesta de «zonas compartidas»

- En ambas propuestas las zonas comunes son un elemento fundamental en este tipo de desarrollos ya que complementan las superficies de las viviendas con espacios de ocio y descanso a la vez que ayudan a crear comunidad y facilitan el teletrabajo. Es por ello que consideramos que los m² que se asignan a cada unidad deben estar sujetos tanto a renta como a gastos. Reiteramos que el Promotor/inversor ha de invertir tanto en su construcción como en su explotación y mantenimiento, por lo que necesita obtener un retorno sobre esas superficies comunes.
- Las zonas comunes deberán de ser de uso exclusivo de los residentes, con áreas deportivas (Gimnasio descripción Plan Vive), zonas de ocio y descanso y área de teletrabajo, contando esta última con una superficie mínima del 20% de las zonas comunes y dotada dc Wi-Fi «comunitario».
- Deberán ser cubiertas y cerradas, tener un mínimo de amueblamiento, aseos comunes y estar climatizadas (p. ej., 12 h/día). Es cierto que este un gasto elevado, pero la mayoría de zonas comunes no se pueden dejar sin climatizar más aún cuando el arrendatario está pagando renta y gastos sobre ellas.

Otros espacios:

- Plazas de Garaje: Se cumplirá estrictamente la dotación mínima municipal. Este tipo de viviendas va dirigida a jóvenes profesionales que en muchos casos ni se plantean tener un vehículo propio y mucho menos pagar renta por una plaza de garaje que no van a usar. Tener parte de los alojamientos sin plaza de garaje sería la opción ideal, dejando en todo caso plazas de garaje para aparcamiento de coches compartidos «*car-sharing*».
- Almacenamiento de Bicicletas: Fundamental poder tener espacio para bicicletas que tenga buen acceso para entrar y salir. Se puede disponer de espacios para almacenamiento de bicicletas (70% de los alojamientos) en recinto cerrado (se suelen destinar en planta de garaje espacios específicos destinados a bicicletas).
- Trasteros: Se desarrollarán para el 70% de las unidades. Consideramos esta ratio suficiente e insistimos en no cargar excesivamente las rentas de todos los residentes.
- Gestión y explotación: Valdrían casi todas las exigencias del Plan Vive en cuanto a servicios mínimos, gestión y explotación, etc.

CASOS PRÁCTICOS

CASO PRÁCTICO 1

ADAPTANDO EL CAPEX EN UN COLIVING

CARLOS OÑATE
Director Gestión Proyectos Técnicos SUTEGA

CASO DE ÉXITO SUTEGA

Be Casa Rivas

Sutega ha realizado el FF&E de los 3 activos que Greystar ha construido en Madrid a través de la marca de alojamientos flexibles Be Casa. Situados en Rivas-Vaciamadrid, Valdebebas y San Sebastián de los Reyes, estas comunidades han sido equipadas para ofrecer más de 2.500 plazas en total.

FUENTE: https://sutega.com/en/projects/be-casa-rivas/

[H2] Flexibilidad y comunidad que inspiran un nuevo modelo de alojamiento.

Situado en el ayuntamiento de Rivas-Vaciamadrid, y de la mano de Greystar, Be Casa trae a España un nuevo concepto de alojamiento.

En él, estudios y apartamentos de tres tipologías, junto a zonas comunes interiores y exteriores, conforman un gigante de más de 21.000 m² que ofrece un hogar a todo el mundo.

Sutega aparece, junto con el promotor del proyecto Momentum, con trabajos de diseño y ejecución de FF&E integral, trabajos de carpintería y mobiliario tanto estándar como a medida de este espacio, dotándolo de vida y creando un ambiente acogedor.

Fuente: https://sutega.com/en/projects/be-casa-rivas/

Fuente: https://sutega.com/en/projects/be-casa-rivas/

[H2] Un hogar con piezas a medida.

En Sutega participamos desde el diseño del alojamiento hasta su ejecución final. Una parte importante del proyecto es la de los trabajos de carpintería a medida. Tanto en los 870 apartamentos y estudios como en las múltiples zonas comunes, la carpintería aporta al mismo soluciones totalmente personalizadas, que se adaptan a las necesidades del entorno.

Mobiliario de zonas comunes, elementos de los dormitorios, recepción o cocinas se realizan al completo gusto del cliente, creando piezas a medida, en tamaño, forma y color, según el espacio disponible.

Cabe destacar la imponente recepción, formada por un mostrador totalmente a medida y un mueble posterior que sirve como espacio de almacenamiento. Está completamente electrificado, así como iluminado, convirtiéndolo en una pieza única que protagoniza la entrada al complejo.

[H2] El equipamiento perfecto para el hogar perfecto.

La majestuosidad del edificio, de grandes proporciones, no sería nada sin los trabajos de equipamiento que, estancia a estancia, van creando un espacio perfecto para convivir, trabajar y disfrutar.

[H3] FF&E a todo detalle.

Sutega se encargó del FF&E, es decir Furniture, Fixtures & Equipment de las zonas privadas y comunes del entorno, creando un espacio armonioso y unificado gracias a vestir las distintas estancias.

Tonos azules, naranjas, amarillos y verdes complementan a un siempre presente gris, que aporta luminosidad y sencillez al espacio.

En las zonas comunes, sillas, mesas, pufs, taburetes, textiles como alfombras, cojines y textiles, luminarias y atrezzo conforman un espacio moderno que, junto a la carpintería a medida, da vida al inmueble, acogiendo a todos los que en él quieran vivir.

En las zonas privadas, apartamentos y dormitorios de tres tipologías, se suministran las camas, con todos sus textiles, así como las mesas, sillas, butacas y todo tipo de equipamiento que se precisa en los alojamientos.

[H3] Espacios exteriores muy preparados.

No todo se queda en el inmenso edificio, sino que sus exteriores también se equipan para contar con todas las comodidades.

Hamacas, pufs, mesas, bancos, maceteros... Un sinfín de elementos forman parte de las zonas exteriores que el alojamiento ofrece a sus inquilinos, con diversos espacios de terraza al aire libre donde poder descansar y relajarse.

[H3] Home Staging en pisos piloto para completar el proyecto.

Vegetación, espejos, luminarias y hasta láminas decorativas y vajillas y cubertería complementan el proyecto de FF&E en los pisos piloto, dejándolos listos para entrar a vivir y servir como muestra de todas las posibilidades que ofrecen los alojamientos.

Un trabajo que abarcó hasta el último detalle, aportando ese confort que se busca en un hogar.

CASO PRÁCTICO 2

VIDA FLEXIBLE

Andrew Brown
Director Asociado de BUCKLEY GRAY YEOMAN (BGY)

BGY (Buckley Gray Yeoman) está desarrollando en la actualidad más de 1.000 habitaciones en tres localizaciones diferentes del centro de Londres para una nueva marca de coliving. Los proyectos se encuentran en diferentes fases, desde planificación y desarrollo de diseño hasta la fase de obra.

La ubicación es fundamental para este tipo de producto y un criterio clave a la hora de seleccionar el emplazamiento es la situación de la parcela en centros urbanos consolidados y a un máximo de cinco minutos a pie desde una estación de metro.

El público objetivo son nuevos graduados y jóvenes profesionales, con una edad media entre los 21 y 35 años, que buscan su primer lugar para vivir, o algún lugar al que poder llamar hogar en una nueva ciudad. Estar cerca de comercios locales, restaurantes, bares y tener buenas conexiones de transporte público es importante para estos usuarios, así como poder minimizar los desplazamientos al trabajo.

Los usuarios del coliving tienen reciente su experiencia como estudiantes en la universidad y están familiarizados con las características espaciales y de usos de los alojamientos estudiantiles, como, por ejemplo, las habitaciones privadas individuales que comparten un baño generoso.

Hasta hace poco, el siguiente paso para un estudiante. después de vivir en una residencia, era entrar en una casa compartida, estereotípicamente mal mantenida, donde juntarse con amigos, o bien pasar por un proceso de entrevistas tortuoso para encontrar un lugar para vivir, normalmente peor que el que se tenía en la universidad. Para muchos de nosotros, hay recuerdos «cariñosos» de las ubicaciones un tanto dudosas, paredes húmedas y muebles raídos que pudimos disfrutar al mudarnos a una capital, así como los propietarios sombríos que recibieron el pago, aumentaron el precio del alquiler o te desalojaron con poco aviso y sin devolver tu depósito.

Afortunadamente para la generación actual, las cosas han mejorado y con la llegada del coliving, los graduados y los jóvenes tienen la oportunidad de continuar su viaje de alquiler disfrutando de la seguridad y calidad que este servicio profesional ofrece.

Los esquemas de coliving en el Reino Unido se están entregando actualmente en dos clases de uso: C1 (hotel) y Sui Generis (tipología de construcción que no se ajusta a ninguna de las clases de planificación existentes). Los edificios catalogados en estas clases son en gran medida indistinguibles para el usuario cotidiano en apariencia y función, sin embargo, los diferentes usos tienen implicaciones en varios aspectos del diseño y la operación de los edificios que impactan en factores como los estándares de espacio, duración mínima del contrato, contribuciones para viviendas asequibles, etc. Estamos trabajando actualmente en estas dos clases de uso respondiendo a la legislación actual y la política de planificación municipal.

Debido a la implementación de guías de diseño, la naturaleza modular de la tipología de construcción y la provisión de amenidades bastante consistente, el alcance del alojamiento que se está entregando por parte de los diferentes proveedores es muy similar. Para que los edificios del operador se destaquen entre la multitud para atraer inquilinos y lograr niveles de alquiler premium, es esencial que tengan una marca fuerte y reconocida para diferenciarse de la competencia.

La singularidad de la marca puede reforzarse mediante varios factores clave, incluida la comercialización, logotipos, sitio web, etc., La gestión de los edificios es igualmente clave, la hospitalidad del personal, la creación de eventos y la oferta social brindan la oportunidad de ofrecer un producto diferente. Junto con esto, la arquitectura y el diseño de interiores ofrecen la posibilidad de reforzar la marca y diferenciarse de la competencia.

Una parte principal de nuestro trabajo es entregar edificios que alcancen los estándares más altos de diseño, creando un lugar donde las personas quieran y estén orgullosas de vivir y mostrar a sus amigos. Externamente, los edificios deben ser capaces de tener sensibilidad con el entorno urbano, pero ser al mismo tiempo distintivos y claramente reconocibles. Los espacios internos que estamos diseñando serán los hogares de las personas y, como tales, los diseños y materiales deben ser detallados con precisión, pero también robustos para que estos edificios de uso intensivo sean tan buenos dentro de diez años como lo fueron el primer día.

Siendo los primeros edificios de una nueva cadena, hemos necesitado evolucionar los principios de diseño y los estándares que informarán y definirán la marca en el futuro. Hemos examinado cada espacio en detalle, utilizando ejemplos del Reino Unido y Europa. Además, nuestra dilatada experiencia diseñando lugares para que las personas vivan, desde villas hasta apartamentos en altura, junto con nuestra amplia experiencia en otras tipologías de espacios, desde oficinas hasta hoteles, restaurantes y galerías de arte, son una simiente que alimenta e informa nuestra creatividad en la creación de esta nueva tipología de espacios.

El estilo y la paleta de materiales se han desarrollado para responder a lo que nuestra investigación y desarrollo del *brief* ha establecido como los cuatro tipos distintos de espacios que serán utilizados diariamente por los ocupantes: espacios de vida compartidos, espacios auxiliares, espacios de circulación y dormitorios.

Se proporcionará una variedad de espacios de vida comunitarios, desde áreas de trabajo conjunto más formales que son visual y acústicamente separadas hasta espacios más sociales, áreas de cafetería y salón vinculados a espacios de cocina y comedor comunitarios. Un aspecto fundamental del diseño de todos los espacios es que son «espacios de 18 horas», flexibles en función y mobiliario, ofreciendo espacios de diferentes sensaciones y características para poder ser utilizados durante todo el día en lugar de restringirse a un tiempo o función particular.

La misma atención al detalle se continúa en los espacios auxiliares, gimnasio, lavandería y aparcamiento para bicicletas. Aunque estos espacios son más funcionales, los residentes aún pasarán períodos prolongados aquí, por lo que es importante que sean considerados y estén bien diseñados para que el tiempo de estancia sea agradable.

Los sistemas constructivos utilizados, normalmente industrializados, inevitablemente resultan en largos pasillos con muchas puertas y con las instalaciones montadas en el techo, lo que significa que la altura libre está restringida. Los pasillos y zonas de paso serán experimentados por cada residente todos los días, por lo que necesitan tener un nivel de atención al diseño similar al de otros espacios. Las zonas de paso se rompen y enriquecen utilizando una mezcla de color, iluminación y materiales logrando una apariencia de calidad a escala doméstica.

Al diseñar los apartamentos de coliving, hemos buscado crear tres espacios distintos para asearse, dormir y vivir que evite la sensación de «dormir en tu cocina». Los apartamentos son compactos, por lo que se considera cada aspecto de la vida diaria, desde dónde se guardará la ropa interior, dónde se colocará el teléfono a la hora de dormir o asegurarse de que el horno sea lo suficientemente grande como para cocinar una pizza, siempre asegurándonos de que el espacio funcione eficientemente.

Se organizó una maqueta 1:1 del dormitorio propuesto para probar y validar todas las opciones de diseño propuestas.

Como arquitectos, es un desafío emocionante contribuir a la definición de una tipología residencial relativamente nueva durante las primeras etapas de su evolución. Esperamos con ilusión el día en que se abran las puertas de nuestro primer edificio y podamos comprobar el éxito de las decisiones y elecciones que hemos tomado como cliente y equipo de diseño. El logro se medirá por lo rápido que los nuevos residentes convierten el edificio en su hogar y por cuántas conversaciones llenen la cafetería, pasillos y espacios comunes.

CASO PRÁCTICO 3

RESIDENCIA DE ESTUDIANTES COLISEO EUROPA DE MADRID

DANIEL BENEDITO
Managing Director VICCARBE

ANA LOZANO
Fundadora y CEO de NIDUS LAB y VALENTHIA STRATEGY

1. RESUMEN EJECUTIVO

La Residencia de Estudiantes Coliseo Europea, ubicada en Villaviciosa de Odón, es un destacado ejemplo de innovación en espacios residenciales diseñados para la vida en comunidad. Este proyecto integra soluciones avanzadas de diseño arquitectónico y de interiorismo para crear un ambiente que no solo maximiza el uso del espacio y pone en valor el entorno natural circundante, sino que también fomenta la interacción comunitaria y el bienestar personal.

Arquitectónicamente, la residencia se distingue por su estructura en forma de anillo irregular abierto en planta baja, que permite una integración armoniosa con el paisaje de pinos y encinas que colonizaban el lugar. Este diseño pone en valor el paisaje al tiempo que proporciona vistas y luz natural óptimas en todas las habitaciones. La geometría curva del edificio facilita la creación de un patio central, que se convierte en un espacio central de enorme riqueza para los residentes, promoviendo el encuentro y la socialización.

Desde el punto de vista del interiorismo, el mobiliario seleccionado juega un papel crucial en la funcionalidad y la estética del espacio. Con piezas principalmente de Viccarbe, los muebles combinan diseño de autor con practicidad, ofreciendo soluciones flexibles que se adaptan a las necesidades de los estudiantes. La elección de textiles y colores no solo enriquece visualmente los espacios, sino que también contribuye al bienestar emocional de sus ocupantes, tanto estudiantes como trabajadores, elevando su ánimo y promoviendo la concentración y el descanso.

Este enfoque integrado de la arquitectura y el interiorismo en la Residencia Coliseo Europea demuestra cómo el diseño consciente y centrado en el usuario puede transformar el concepto de vivienda estudiantil, ofreciendo un modelo replicable y sostenible para el futuro del coliving.

2. UBICACIÓN

Calle Guadiana 40, Villaviciosa de Odón, Madrid.

3. CARACTERÍSTICAS DEL ESPACIO

— Edificio de nueva construcción destinado a Residencia de Estudiantes de 406 habitaciones tipo estudio, zonas comunes, aparcamiento, jardín exterior y piscina.
— Superficie Total: 10.681 m^2.
— Distribución de Espacios (número de habitaciones, áreas comunes, servicios, etc.): 406 habitaciones individuales en suite con *kitchenette* y zonas comunes. (La distribución detallada de espacios y servicios se desarrolla en un punto más adelante.)

4. OPERADOR/PROMOTOR

— Nombre de la Empresa Promotora: Princeton Investments, a través de Fulton Park SL, operado por Yugo.

Princeton Investments es un fondo británico que lleva desde 2016 inviertiendo en residencias de estudiantes (Purpose Built Student Accomodation en inglés) entre otros activos.

Yugo es un operador internacional de residencias de estudiantes, conocido por crear espacios que fomentan la comunidad y el bienestar estudiantil. Presente en varias ciudades importantes, Yugo combina alojamiento de alta calidad con experiencias enriquecedoras que promueven tanto el éxito académico como la integración social. Su compromiso con la sostenibilidad y la innovación tecnológica se refleja en la implementación de soluciones ecológicas y digitales, estableciendo un estándar en el alojamiento estudiantil que va más allá de un simple lugar para vivir, ofreciendo un entorno donde los estudiantes pueden prosperar.

5. PÚBLICO OBJETIVO

La Residencia Coliseo Europea en Villaviciosa de Odón es especialmente atractiva para una amplia gama de estudiantes universitarios, nacionales e internacionales, desde aquellos en sus primeros años de estudios hasta estudiantes más avanzados, como doctorandos y profesores visitantes.

Este alojamiento es ideal para aquellos que buscan un entorno estimulante, seguro y colaborativo para potenciar su experiencia educativa y personal.

El *target* de mercado incluye a jóvenes adultos que están en sus años universitarios, especialmente aquellos inscritos en la Universidad Europea de Madrid y otras instituciones cercanas. Estos estudiantes tienden a ser dinámicos, conectados digitalmente y conscientes del medio ambiente.

La residencia apela particularmente a aquellos que aprecian el diseño arquitectónico innovador y las instalaciones modernas, junto con la oportunidad de vivir en un ambiente multicultural donde pueden formar redes duraderas. Además, es una opción atractiva para estudiantes que desean un equilibrio entre la privacidad de estudios independientes y espacios comunes diseñados para el esparcimiento y la interacción social.

6. SERVICIOS Y AMENIDADES

Piscina y jardines, parking cubierto y exterior, terraza solarium, sala de estudio, gimnasio y vestuarios, sala de juegos, salones, comedor, varios *cooking lounges* repartidos por plantas y lavandería.

Los servicios ofrecidos son Wi-Fi de alta velocidad, limpieza y cambio de sábanas, media pensión, recepción 24 horas y equipo de animación.

7. MODELO DE NEGOCIO

La estructura económica de la Residencia Coliseo Europea se fundamenta en una combinación de inversión privada y financiación bancaria. Este enfoque mixto asegura la disponibilidad de capital suficiente para cubrir los costes de construcción y equipamiento inicial sin comprometer la solvencia financiera del proyecto. La inversión inicial se destinó a la adquisición del terreno, diseño arquitectónico, licencias y seguros, la propia construcción, y la provisión de mobiliario y tecnología avanzada, asegurando que la residencia cumpla con los estándares más altos de calidad y sostenibilidad.

Para la financiación, se optó por un paquete de préstamos a largo plazo con condiciones favorables, negociadas en base a la viabilidad y la proyección de rentabilidad del proyecto. Este esquema permite amortizar el gasto inicial a lo largo de varios años, reduciendo el impacto financiero directo y facilitando la gestión de flujo de caja. Desde su puesta en funcionamiento en septiembre de 2022 ha alcanzado su ocupación plena y su buen rendimiento financiero ha permitido una refinanciación por un valor de mercado muy relevante.

En términos de operación, los ingresos de la residencia provienen principalmente del alquiler de habitaciones. Las tarifas se establecen basándose en el mercado local y el valor añadido por servicios y facilidades premium que ofrece la residencia. Los costes operativos incluyen el *marketing*, mantenimiento, administración, servicios al estudiante, y actualizaciones periódicas de instalaciones, que se gestionan cuidadosamente para maximizar la eficiencia y mantener la competitividad en el mercado.

Además, se han implementado estrategias para diversificar las fuentes de ingreso, incluyendo la oferta de espacios durante los períodos vacacionales, lo que contribuye a una mejor rentabilidad y a la rápida recuperación de la inversión inicial. La estructura económica del proyecto está diseñada para asegurar la sostenibilidad financiera a largo plazo y responder efectivamente a las fluctuaciones del mercado y las necesidades de la comunidad estudiantil.

8. IMPACTO SOCIAL/ECONÓMICO/CULTURAL

El desarrollo de proyectos especializados como la Residencia Coliseo Europea en Villaviciosa de Odón representa una solución estratégica para algunos de los desafíos más persistentes del mercado inmobiliario residencial. Al satisfacer específicamente las necesidades de alojamiento de estudiantes universitarios, este tipo de residencias libera significativamente el parque inmobiliario tradicionalmente destinado a la vivienda familiar. Esto no solo ayuda a aliviar la presión sobre la disponibilidad de viviendas, sino que también puede contribuir a estabilizar, o incluso reducir los precios del alquiler y la compra en la zona.

En áreas con alta demanda educativa y universitaria, la concentración de estudiantes en viviendas adaptadas y diseñadas para sus necesidades específicas disminuye la competencia por espacios residenciales que de otro modo serían ocupados por familias o profesionales. Esto tiene el potencial de liberar más viviendas en el mercado, aumentando la oferta y proporcionando más opciones para las familias que buscan un hogar permanente.

Además, al segmentar el mercado de esta manera, se pueden ajustar mejor las políticas y los desarrollos a las necesidades específicas de cada grupo. Los estudiantes se benefician de vivir en comunidades diseñadas para apoyar sus estilos de vida académicos y sociales, mientras que las familias y otros residentes disfrutan de una mayor disponibilidad de vivienda adecuada a sus necesidades, sin la inflación de precios que podría resultar de una demanda excesiva impulsada por la población estudiantil.

La Residencia Coliseo Europea ejemplifica cómo la planificación y ejecución cuidadosa de proyectos de vivienda especializados no solo atiende a un nicho de mercado, sino que también tiene un impacto positivo y más amplio en la comunidad y la economía local. A largo plazo, este enfoque puede contribuir significativamente a resolver la escasez de vivienda y mejorar la calidad de vida de todos los ciudadanos en áreas urbanas densamente pobladas.

9. RESULTADOS/LOGROS

Desde su inauguración, la Residencia Coliseo Europea en Villaviciosa de Odón ha demostrado ser un modelo exitoso de vivienda estudiantil innovadora y sostenible. Uno de los logros más destacados del proyecto es la consistente alta ocupación, que refleja una fuerte demanda y subraya la satisfacción de los estudiantes con las instalaciones y servicios ofrecidos. Las evaluaciones de los residentes frecuentemente elogian el diseño considerado del espacio, las modernas facilidades y el ambiente comunitario, que facilita el intercambio cultural y académico entre estudiantes de diversas procedencias.

Además, el proyecto ha logrado un impacto significativo en la comunidad local, impulsando la economía mediante la creación de empleos y fomentando la integración con la población local a través de eventos y actividades culturales. Esta dinámica ha enriquecido la vida comunitaria y ha fortalecido los lazos entre la universidad y la ciudad.

Finalmente, el éxito del proyecto ha inspirado desarrollos similares tanto en España como en otros países, demostrando la viabilidad y los beneficios de este tipo de alojamiento especializado. La Residencia Coliseo Europea no solo ha proporcionado un hogar temporal para estudiantes, sino que también ha contribuido a moldear las prácticas del sector inmobiliario residencial hacia un enfoque más integrador y sostenible.

10. CONCLUSIONES

La implementación del proyecto de la Residencia Coliseo Europea en Villaviciosa de Odón ha proporcionado valiosas lecciones que reafirman su relevancia dentro del contexto de la vivienda estudiantil y el desarrollo urbano. Estas reflexiones finales subrayan la importancia de adaptar las soluciones arquitectónicas y de diseño a las necesidades específicas de los estudiantes y la comunidad, y destacan el papel fundamental de la innovación y la sostenibilidad en el sector inmobiliario.

Una de las principales enseñanzas es la efectividad de un diseño arquitectónico que no solo cumple con las expectativas estéticas y funcionales, sino que también respeta y se integra con el entorno natural y social. La capacidad de la Residencia Coliseo Europea para fusionarse con el paisaje local, preservando el arbolado existente y adaptándose a la topografía, ha demostrado ser clave para su aceptación por parte de la comunidad y para la creación de un ambiente de vida estimulante para los estudiantes.

Otro aspecto importante es la confirmación de que la inversión en calidad y sostenibilidad es económicamente viable y aporta valor a largo plazo. Las instalaciones diseñadas para reducir el consumo de energía y los recursos naturales no solo minimizan el impacto ambiental, sino que también ofrecen un modelo sostenible que puede ser replicado en otros proyectos, influyendo positivamente en el mercado inmobiliario global.

La alta satisfacción y retención de los residentes también subrayan la importancia de considerar las necesidades y el bienestar de los estudiantes en cada fase del diseño y la operación de viviendas estudiantiles. Esto incluye desde la elección del mobiliario y la configuración de los espacios comunes hasta la oferta de programas que fomenten la interacción y el desarrollo personal y académico.

Finalmente, la Residencia Coliseo Europea destaca por su capacidad de servir como un catalizador para el desarrollo local, no solo al ofrecer empleo y dinamizar la economía, sino también al enriquecer el tejido social y cultural de Villaviciosa de Odón. Este caso práctico subraya la importancia de proyectos bien pensados que responden a las necesidades específicas de la población estudiantil, al tiempo que contribuyen al bienestar y desarrollo de la comunidad en general.

Estas lecciones son cruciales para futuros desarrollos y ofrecen una perspectiva valiosa sobre cómo la planificación cuidadosa y la ejecución pueden resultar en beneficios duraderos tanto para los individuos como para las comunidades.

CASO PRÁCTICO 4

«EDIFICIO A90». BARCELONA

Manuel Vidal-Quadras
Cofundador CATERINA HOUSE

1. RESUMEN EJECUTIVO

Este edificio, propiedad de Meridia Capital Partners, tiene una superficie total de 602 m^2 y está ubicado en pleno barrio del Eixample de Barcelona. El inmueble cuenta con 34 apartamentos de uso residencial, cuatro de ellos áticos con terraza privada, zonas comunes, gimnasio y *coworking*, entre otros servicios.

«Aragón 90» es un ejemplo perfecto del modelo de negocio «Flexible Living» que trabaja Caterina, basado en apartamentos con servicios para la media estancia que cumplan las expectativas tanto de profesionales deslocalizados como de huéspedes que buscan buenas ubicaciones urbanas para compatibilizar trabajo y ocio.

Cabe destacar que el historial de consecución de este edificio por parte de Caterina se remonta al año 2019, cuando comenzó el interés de la compañía por incorporarlo a su cartera nacional.

En el año 2023 Caterina logró incluirlo en su cartera de edificios, consiguiendo rápidamente ocupaciones de hasta del 85% y optimizando los recursos de este inmueble para conseguir la mejor rentabilidad posible con su modelo de negocio del «Flexible Living».

2. UBICACIÓN

Carrer D'Aragó, 90 (Barcelona).

3. CARACTERÍSTICAS DEL ESPACIO

— Tipo de inmueble: Edificio residencial completamente reformado.
— Superficie Total: 602 m^2.
— Distribución de Espacios: Dividido en seis plantas, el inmueble cuenta con 29 unidades residenciales de 2 habitaciones y 5 de 1 habitación, 4 áticos con terraza privada y zonas de gimnasio, *coworking* y áreas comunes que aportan gran valor añadido a la oferta.

4. OPERADOR/PROMOTOR

— Nombre de la Empresa/Individuo: Caterina.

Caterina ofrece servicios de alojamiento en media estancia a profesionales en apartamentos con sensación de hogar.

Creada en 2020, Caterina está presente en las mejores localizaciones de Barcelona y Madrid, donde opera más de 350 unidades residenciales en edificios céntricos e históricos con gran valor urbanístico.

Caterina trabaja con especial atención al servicio al cliente, lo que le permite crear una experiencia residencial óptima adaptada a la demanda del profesional de hoy día. Su cuidado producto mejora la rentabilidad de los activos de los propietarios con los que se asocia y está en pleno proceso de expansión, con la visión de ser una referencia líder en el «Flexible Living» en las grandes ciudades europeas.

5. PÚBLICO OBJETIVO

Profesionales (*digital nomads*) de entre 25-50 años, que trabajan en remoto, o empresas que envían a sus empleados por una temporada a Madrid, Málaga o Barcelona, por cuestiones de trabajo, proyectos puntuales, motivos médicos, etc. Dichos residentes de media estancia necesitan un lugar donde puedan entrar a vivir desde el primer día sin preocuparse de mudanzas, alta en servicios, etc. Caterina ofrece una solución habitacional perfecta para este tipo de público.

6. SERVICIOS Y AMENIDADES

- Atención al residente 24/7.
- *Coworking.*

- Servicio de limpieza semanal.
- *Amenities* en baño y cocina.
- Servicio de Mantenimiento.
- Gimnasio.

7. MODELO DE NEGOCIO

Caterina, como operador experto en «Flexible Living», mediante un contrato de gestión arrienda bajo el modelo de uso distinto de vivienda los apartamentos por meses, siendo la estancia mínima 1 meses, la estancia máxima 11 meses y la estancia media del complejo 4 meses. Caterina comercializa las viviendas con un potente equipo comercial que, *in house*, llega a acuerdos con las principales empresas para alojar empleados profesionales que residen en una ciudad determinada durante un período de tiempo limitado.

8. IMPACTO SOCIAL/ECONÓMICO/CULTURAL

Es un hecho innegable que las formas de trabajar han cambiado, sobre todo después de la pandemia. Desde hace unos años, el trabajo en remoto ha pasado a ser una práctica marginal adoptada por unas pocas empresas innovadoras a una práctica casi generalizada y ampliamente aceptada por la gran mayoría empresas.

La flexibilidad y la conciliación ya no son conceptos etéreos a los que aspirar; en la actualidad son una exigencia real por parte del trabajador, sobre todo si este tiene que desplazarse fuera de su lugar habitual de residencia. Por eso, no solo las empresas han tenido que adaptarse a la nueva realidad, sino que también ha sido la propia ciudad la que ha tenido que amoldarse.

Un ejemplo de ello es el Edificio «A90» que presentamos en este caso práctico. Ubicado en el distrito del Eixample de Barcelona, uno de los más poblados de la ciudad y eminentemente residencial, el inmueble ha sido totalmente adaptado a las necesidades concretas de este tipo de trabajadores. Las empresas se han dado cuenta de que para que sus empleados rindan de la forma adecuada, es necesario proveerlos del espacio adecuado para ello, dentro y fuera de la oficina. Por eso, en Caterina nos hemos especializado en cubrir esa demanda tan especializada, porque creemos firmemente que este tipo de espacios residenciales flexibles aportan valor no solo a los trabajadores que lo disfrutan durante su estancia en la ciudad, sino también a sus empresas, a los vecinos que residen de forma permanente en la zona y, por supuesto, a los comercios y establecimientos cercanos que se benefician de la demanda de sus servicios.

Nuestra intención siempre ha sido gestionar edificios representativos y mimetizarlos con el entorno en el que se ubican. Por eso, el impacto de estos inmuebles en las ubicaciones en las que se encuentran siempre es positivo.

9. RESULTADOS/LOGROS

Desde que Caterina incluyó este edificio en su cartera, el inmueble ha conseguido una ocupación de hasta el 90% con un precio medio de 3.100 euros.

10. CONCLUSIONES

Con este edificio ya son 21 inmuebles los que Caterina tiene en cartera. Aragón 90 es uno de los más especiales que hemos trabajado y uno de los que más demanda tienen dentro de nuestra gestión.

En lo que respecta al interiorismo del edificio, el equipo responsable de Caterina ha realizado un trabajo específico y exclusivo para dotarlo de las máximas comodidades y de la concepción de producto que desarrolla la compañía para la mayor comodidad de los residentes. Cabe destacar que los muebles se han personalizado para este proyecto, con lo que se ha logrado una total originalidad tanto de color como de estructura como de concepción de los espacios.

La compañía ha cuidado hasta el más mínimo detalle para que los residentes del edificio cuenten con todos los servicios necesarios para compaginar trabajo y ocio y, sobre todo, tengan sensación de hogar durante su estancia, uno de los ejes principales sobre los que trabajamos.

Desde Caterina creemos que este modelo de negocio no solo es rentable, sino que además aporta un gran valor añadido a todas las partes involucradas en el proceso: empresa, trabajador-residente y entorno en el que se ubica el activo, en este caso Barcelona. Estamos convencidos de que el «Modelo Caterina» es exportable no solo a otras ciudades de España, sino también a otras ciudades de Europa. Nuestro convencimiento, y por lo que trabajamos día a día, es que cada trabajador, por muy lejos que esté de tu casa, siempre pueda tener un hogar en el que sentirse bien.

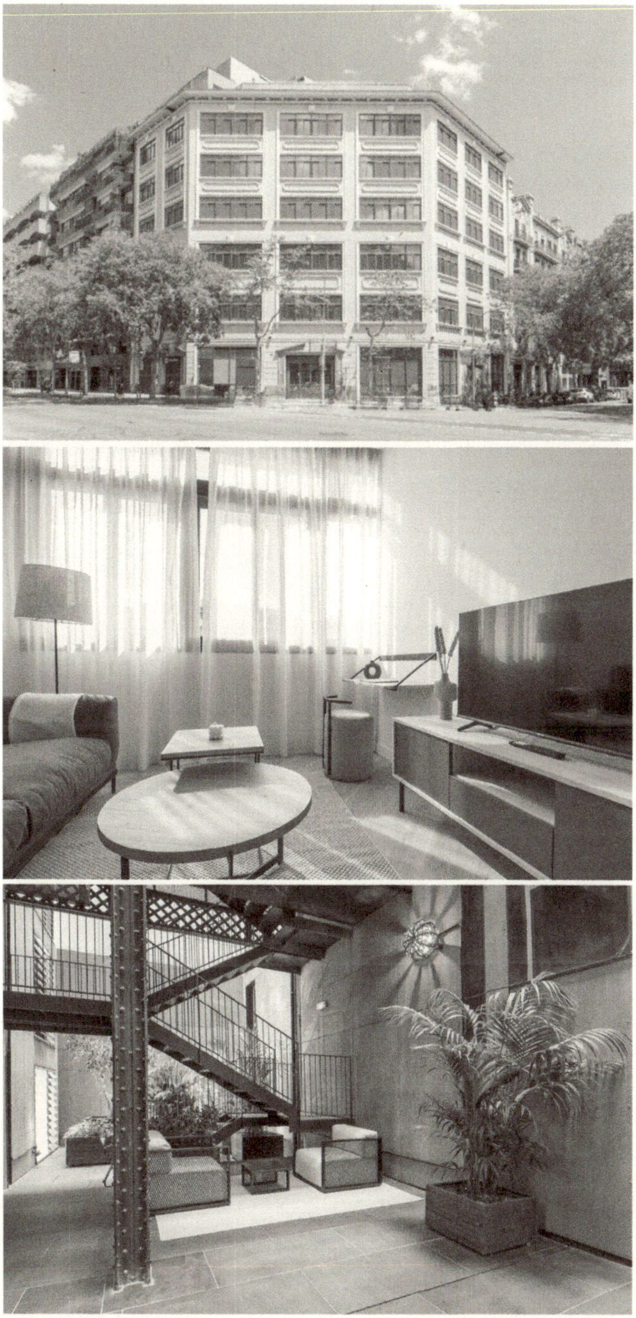

Fuente: https://caterina.house/

CASO PRÁCTICO 5

CO-RURAL ROBREGORDO SENIOR COHOUSING

MARÍA SAN JUAN
Arquitecta

1. RESUMEN EJECUTIVO

Proyecto de servicios sociales para la generación de una comunidad intencional de convivencia para personas senior y la repoblación de territorio rural.

Se trata de la rehabilitación de un antiguo edificio hotelero para cambio de uso en un espacio de Senior Cohousing, 20 unidades habitacionales y una unidad de convivencia, con espacios de reunión y asistencia social, del bienestar y comunitaria.

Se trata de una iniciativa público-privada de creación de una comunidad de personas que autogestione los servicios asistenciales, sociales, culturales y recreativos, así como el uso y disfrute de espacios habitacionales completos, dentro de un edificio donde cuentan con espacios comunes en los que se ofrecen y operan servicios sociales de cuidado, de reunión y convivencia.

2. UBICACIÓN

Avenida Balagares n.º 7, Robregordo, km 87, A1. Madrid. Sierra Norte.

3. CARACTERÍSTICAS DEL ESPACIO

Inmueble singular de montaña construido en los años 80 del siglo xx, con uso previo de hotel-aulario de 56 habitaciones, 6 aulas, un salón de actos, así como restaurante y cafetería. Uso dotacional terciario, con tres plantas residenciales, y dos plantas de usos comunes, sobre una finca de 13.000 m², con elementos auxiliares deportivos, jardines y arboleda.

El proyecto comunitario social, lo transforma en un inmueble que cuenta con 20 unidades habitacionales completas, dormitorio, baño, cocina y estar, accesibles, distribuidas en dos plantas y en una tercera planta se inscribe 1 unidad de convivencia accesible, para asistencia domiciliaria integral centrada en la persona (ACP), que cuenta con 6 dormitorios con baño (5 individuales y 1 doble), salones, cocina y comedor.

En planta baja cuenta con 7 espacios de reunión, administración y asistencia, y un comedor con estar y cocina comunitaria. en planta semisótano se encuentran los trasteros y espacios de instalaciones.

— Superficie Total: 3.000 m² construidos + 13.000 m² de espacio verde exterior.
— Distribución de Espacios del Senior Cohousing:

La nueva distribución crea 20 apartamentos accesibles de dos plazas, dormitorio doble con baño y sala de estar con cocina integrada, para 40 plazas.

Cuenta con 1.000 m² de espacios comunes: salas de actividades y terapias, salón de actos, cocina y comedor comunitario, salas de reunión y encuentro, trasteros y espacios técnicos.

Cuenta con una unidad de convivencia de 300 m² para 7 personas con necesidades de apoyos domiciliarios.

4. OPERADOR/PROMOTOR

Promoción pública, proyecto piloto de viviendas colaborativas para personas seniors, de la Comunidad de Madrid, Consejería de Familia, en colaboración con la Mancomunidad de Servicios Sociales de la Sierra Norte. Cuentan, asimismo, con el apoyo del Ayuntamiento de Robregordo como proyecto de repoblación en pequeño municipio.

La operadora y receptora del uso del inmueble es la Cooperativa de consumidores y usuarios creada, asesorada y acompañada por la **Gestora de Cooperativas de Senior Cohousing Hábitat Colaborativo Soc. Coop. And.**

5. PÚBLICO OBJETIVO

Personas seniors + 50 años, de las cuales, al menos el 50% han de ser personas jubiladas.

También personas con necesidad de asistencia domiciliaria.

6. SERVICIOS Y AMENIDADES

Los servicios de ocio, reunión, asistencial, de bienestar, deporte y entretenimiento del espacio de Senior Cohousing serán definidos por las personas usuarias, cuentan para ello con 6 salas y un salón de actos, además de una sala de estar y un comedor comunitario con cocina, que podrá ser operada por una empresa concesionaria de hostelería.

Se plantean como servicios básicos de cuidados del proyecto:

- Mantenimiento del inmueble, zonas comunes y privadas.
- Lavandería (las unidades habitacionales no disponen de lavadora).
- Recepción y conserjería.
- Restauración y cafetería, que puede ser compartida con persona no residentes.
- Salas de *coworking* para el bienestar, donde podrán recibir servicios de peluquería, estética, apoyos terapéuticos, programas dirigidos de bienestar físico y mental, programas culturales, deportivos y de desarrollo personal.
- Jardín Terapéutico, Zona de Pinar y huerto accesible (13.000 m^2).
- Terraza al sur comunitaria con vistas al valle.

7. MODELO DE NEGOCIO

Se trata de una iniciativa pública-privada.

El inmueble es propiedad de la Comunidad de Madrid, que cede el derecho de uso a la Cooperativa de personas que usan y operan los espacios y servicios. La rehabilitación del mismo se hace en parte con fondos público (NG) y en gran medida con la inversión privada de los socios de la Cooperativa.

La sostenibilidad económica del Proyecto se realiza a través de las cuotas mensuales que abonan las personas usuarias, con las que cubren el uso habitacional, los mantenimientos, y los servicios.

Para el acceso al proyecto es necesaria una aportación de capital privado por parte de las personas socias-usuarias, para la constitución de la Sociedad Cooperativa de Consumidores y Usuarias.

8. IMPACTO SOCIAL/ECONÓMICO/CULTURAL

El impacto es triple, pero, ante todo, se trata de un proyecto social.

Impactos Sociales:

- Generación de una comunidad de cuidados de personas, que evitan la soledad no deseada, que mejoran el bienestar y la salud de los residentes.
- Repoblación y regeneración territorial rural.
- Asistencia domiciliaria, espacios de *coworking* del bienestar.
- Servicios de cuidados, del bienestar y culturales abiertos al municipio y la comarca.
- Desarrollo de plan de vida después del desarrollo profesional.

Impacto Económico:

- Rehabilitación y puesta en valor de un inmueble cerrado,
- Generación de puestos de trabajo y rentabilidad en relación a los servicios que se desarrollan. Las personas usuarias reciben cuidados domiciliarios con un coste repartido entre las personas con algún grado de dependencia.

Impacto Ambiental:

- Rehabilitación energética y descarbonización de inmueble.
- Puesta en valor del jardín, la arboleda.
- Sistema de geotermia para clima y ACS y placas fotovoltaicas. Consumo energético estimado de 50€/mes por plaza.
- Depuradora de aguas residuales mediante laguna artificial y reaprovechamiento de aguas grises.

9. RESULTADOS/LOGROS

Innovación social con la creación de una comunidad de personas, en torno a la cual se generan servicios sociales y regeneración territorial.

Gran expectación de potenciales usuarios.

10. CONCLUSIONES

Existe una necesidad clara y latente de espacios alternativos a las clásicas residencias. Pero también existe un desconocimiento enorme en relación al modelo. El cual puede adaptarse a distintas iniciativas 100% privadas, tanto de Senior Cohousing, como de Senior Living, con un potencial de éxito tremendo, ante la realidad de la tendencia demográfica del país.

Estos proyectos orientados al servicio social, en paralelo al inmobiliario, requieren de experiencia desde las operadoras y gestoras de servicios asistenciales y proyecto sociales.

Las personas que buscan estos espacios, lo hacen desde la necesidad de recibir servicios, sentirse acompañados y activos, así como la seguridad de sentirse libres en un domicilio con posibilidad de ser asistido, pero no institucionalizados.

La satisfacción ante el éxito de este proyecto es múltiple, se genera un modelo innovador residencial y social, que impacta favorablemente en sus residentes y entorno inmediato, y en sus promotores y operadores.

Estado actual: Vista interior desde la finca hacia el acceso al edificio.

VISTA FACHADA NORTE

VISTA FACHADA SUR

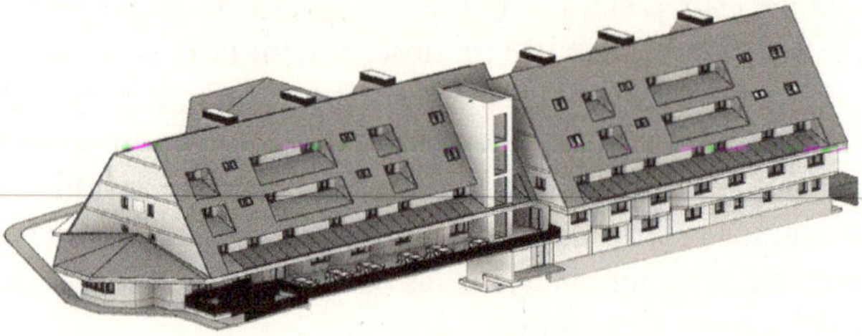

CORTES INTERIORES

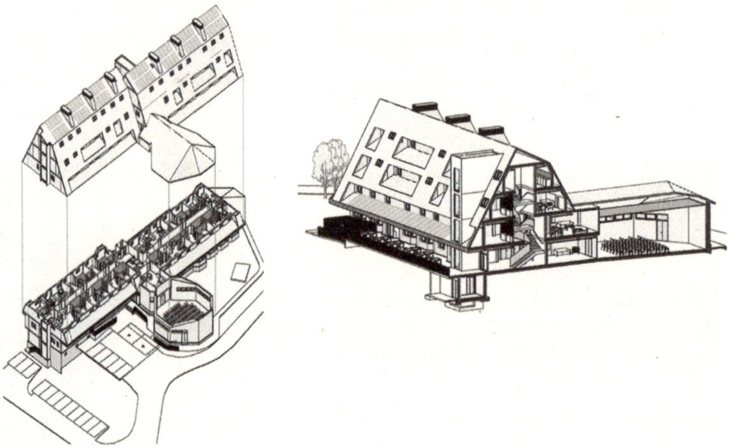

FUENTE: Elaboración propia.

Propiedad intelectual del proyecto: María San Juan y Miguel Carrazoni.
Promotor: Mancomunidad Servicios Sociales Sierra Norte de Madrid.

CASO PRÁCTICO 6

EULEN SOCIOSANITARIOS

Camino Roldán
Subdirección General

1. RESUMEN EJECUTIVO

Los apartamentos tutelados del Ayuntamiento de Zarautz para personas mayores son servicios de alojamiento de larga estancia o permanente o excepcionalmente temporal destinados a personas mayores en situación de dependencia leve (Grado I), en riesgo de dependencia o autónomas.

Son servicios de alojamiento de baja intensidad que cuentan con apoyo de personal para ejercer las funciones de tutelaje, mediación-intermediación, acompañamiento social y supervisión, así como, en su caso, atención personal y doméstica. El servicio lo integran apartamentos con un diseño funcional y servicios comunes de uso compartido.

Cada uno de los apartamentos cuenta con una habitación (individual o doble según el caso), salón, cocina y baño adaptado. Además, cuentan con salas polivalentes, terrazas de uso colectivo, huerto y un espacio con elementos para el ejercicio físico.

El enfoque de atención es comunitario dando prioridad al mantenimiento de las personas en su entorno comunitario y adaptándose a las necesidades básicas de estas personas que requieren de apoyo y tutela institucional desde los servicios sociales, para mejorar o mantener su nivel de autonomía y/o evitar situaciones de aislamiento. Con este fin, se suscribe un plan de trabajo compartido con las personas que acceden al servicio.

El objetivo general de este servicio es alcanzar la mejor calidad de vida de las personas mayores que presentan alguna dificultad para seguir viviendo en su entorno habitual y no pueden satisfacer sus necesidades con plena autonomía. Con este fin, se plantean los siguientes objetivos específicos:

- Facilitar la permanencia de las personas usuarias en el entorno comunitario.
- Mejorar su grado de autonomía personal, mantenerlo y/o prevenir el deterioro de las habilidades y capacidades que permiten su desenvolvimiento autónomo a través de la prestación de programas de intervención.
- Paliar estados de soledad, aislamiento social o abandono personal, mediante un marco comunitario de convivencia.
- Favorecer el sentimiento de seguridad.
- Favorecer el mantenimiento de las relaciones sociales y de convivencia.
- Favorecer la proximidad y mantenimiento de los lazos familiares y sociales propios.
- Fomentar la participación de la persona mayor en la organización y estilo de vida del conjunto de los apartamentos tutelados.
- Proporcionar protección social básica en cuanto a condiciones de alojamiento, higiene, alimentación, convivencia y asistencia en general.

2. UBICACIÓN

Calle Gipuzkoa 48, Zarautz (Gipuzkoa).

3. CARACTERÍSTICAS DEL ESPACIO

Los apartamentos tienen una superficie media de 46,5 m^2 y están distribuidos en tres plantas dentro de un mismo edificio:

- La primera planta está compuesta por 15 apartamentos, de los cuales 12 son individuales y 3 dobles. Además, cuenta con una sala y una terraza común. En esta planta se encuentra ubicada la oficina donde trabaja el personal técnico (trabajadora social, psicóloga, enfermera…) y se utiliza como espacio de reunión con las personas usuarias para trabajar su plan individual de intervención.
- La segunda planta cuenta con 14 apartamentos, de los cuales 12 son individuales (4 adaptados) y 2 dobles (uno de ellos adaptado

para personas con discapacidad física). Además, cuenta con una sala y una terraza común.

- La tercera planta está compuesta por 11 apartamentos, de los cuales 8 son individuales y 3 dobles. Además, cuenta con una terraza común.

FUENTE: Eulen Sociosanitarios. Fotos interior espacios Apartamentos tutelados del Ayuntamiento de Zarautz.

4. PÚBLICO OBJETIVO

Personas con dependencia moderada (grado I), en riesgo de dependencia o excepcionalmente autónomas que:

— Requieren de una alternativa de alojamiento, de larga estancia o permanente (o excepcionalmente temporal) por carecer de una alternativa de alojamiento adecuada, en condiciones de accesibilidad y/o habitabilidad, y/o tener problemas de convivencia o soledad (aislamiento social).

— Precisan apoyos, de baja intensidad, para mantener o desarrollar habilidades relacionales que posibiliten su vida autónoma en el entorno comunitario, y, en su caso, para realizar actividades de la vida diaria.

— Tienen una prescripción técnica favorable del profesional de referencia y requieren de un plan de intervención individualizado para la mejora de su calidad de vida.

5. SERVICIOS Y AMENIDADES

1. **Servicios hosteleros**: En este apartado se incluyen los servicios de limpieza, lavandería y mantenimiento, reparación de elementos materiales de uso directo, desinfección de estancias, puesta a punto de apartamentos que se quedan libres. Limpieza de la ropa blanca, así como de la reposición de la misma y de su distribución.

2. **Servicio de tutela y supervisión**: Este servicio conlleva la elaboración de un Plan Individual de Atención correspondiente a cada usuario/a. El personal profesional competente que lleva a cabo este servicio constituye una referencia para los residentes alojados y su actividad varía en función de las necesidades de las personas usuarias.

   Este profesional trabaja en coordinación con los Servicios Sociales del Ayuntamiento de Zarautz al objeto de transmitir las incidencias relacionadas con la vida en los apartamentos, relacionadas con el cumplimiento del reglamento, y cualquier otro asunto relacionado con la convivencia diaria y el funcionamiento de los apartamentos tutelados.

3. **Valoración de seguimiento - acompañamiento social**: Valoración y el seguimiento de las personas usuarias de los apartamentos tutelados, llevando a cabo la orientación, seguimiento y acompañamiento preciso en cada caso. Para ello se elabora junto a la persona residente un plan de intervención, revisable semestralmente.

4. **Servicios de mediación - intermediación**: La persona referente del centro media entre las personas residentes de los apartamentos y sirve de apoyo en la resolución de los conflictos de convivencia que surjan. Mantiene relaciones y contactos periódicos con los familiares o allegados de los/as residentes.

5. **Servicio de información al residente.**

6. **Servicio de comunicación y seguridad**: Los residentes disponen de un servicio de telefonía accesible a todos los apartamentos y un servicio de intercomunicación interna.

7. **Servicios complementarios y opcionales**: Estos servicios son abonados de manera independiente, siendo el residente el que puede contratarlos en cualquier momento en función de sus necesidades. Estos servicios son: apoyo individualizado en las actividades de la vida diaria, lavandería, manutención (desayuno, comida y/o cena), peluquería y podología.

6. MODELO DE NEGOCIO

Los servicios de alojamiento municipal para personas mayores son un servicio sujeto a contraprestación económica por parte de la persona usuaria.

El ayuntamiento a través de las ordenanzas fiscales, establece anualmente las tarifas y/o precios públicos a abonar por las personas residentes, tanto por los servicios básicos como por el conjunto de servicios complementarios y el precio por persona tanto en habitación individual como en habitación compartida.

7. CONCLUSIONES

Atendiendo a la experiencia de servicios en los que desde Eulen Sociosanitarios hemos participado, y considerando las tendencias y necesidades en el desarrollo de nuevos conceptos habitacionales, vemos que la oferta de servicios representa un papel fundamental en la propuesta de valor. Por ello identificamos cinco aspectos que deben tomarse en consideración:

1. Diseño de proyectos que desde el origen tengan definida la oferta de servicios en función de las necesidades y tipología del *target* objetivo.
2. Necesidad de implementar y desarrollar soluciones tecnológicas integradas en los inmuebles que faciliten el acceso.
3. Desarrollar **soluciones integrales flexibles** que permitan adaptar la oferta en el momento vital del usuario.
4. **Combinar modelos** que optimicen la oferta de servicios y que minimicen el impacto económico.
5. **Apuesta por soluciones de valor** que faciliten la vida de los usuarios y que fomenten la usabilidad, para que la percepción y el valor del servicio sea alto.

La apuesta por soluciones tecnológicas que estén integradas en los nuevos conceptos habitacionales, facilita la interacción, y la usabilidad de los servicios. Además de simplificar y facilitar el acceso, es una fórmula de garantizar la adecuación y flexibilidad, ofreciendo una oferta de soluciones personalizadas, de manera que el usuario pueda seleccionar los servicios que mejor encajen en sus necesidades. Si trabajamos desde el inicio del proyecto, definiendo una oferta básica que pueda ser adaptable en el tiempo, garantizaremos una mejor experiencia del usuario.

CASO PRÁCTICO 7

THE RESIDENTIAL CLUB: MONCLOA (2024)

Nicolás López
CEO THE RESIDENTIAL CLUB

1. RESUMEN EJECUTIVO

Este caso práctico se enfoca en dos temas principales: Consultoría y explotación de un activo en formato de coliving-residencia de jóvenes profesionales.

The Residential Club ha liderado la transformación de un activo inmobiliario en desuso, originalmente destinado a un colectivo religioso, en un modelo flex-living ubicado en el corazón de Madrid. En un área repleta de residencias universitarias, nuestra visión se centró en atender las necesidades del público joven profesional, ofreciendo una alternativa única y diferenciada en la zona.

Este coliving ofrece una combinación perfecta de espacios privados completos y áreas comunes, como salones sociales, *coworking*, zona de deporte, y terrazas exteriores, que enriquecen la experiencia de vida de los inquilinos.

Destacamos nuestro compromiso con el medio ambiente, evidenciado por la implementación de sistemas eco-sostenibles, como calefacción y huerto solar, que reducen la huella de carbono del edificio y fomentan un estilo de vida más sostenible.

El éxito de nuestro enfoque se ha visto reflejado en la demanda generada, permitiéndonos superar las expectativas de ocupación y acortar el período de apertura y estabilización del activo en un 70% respecto al plan de negocio inicial.

En resumen, este proyecto ha destacado por su conceptualización innovadora y su enfoque diferenciado en el mercado residencial, posicionando a The Residential Club como una opción referente entre las alternativas del mercado.

2. UBICACIÓN

Avenida de la Moncloa, 8, Madrid. Distrito de Moncloa-Aravaca.

3. CARACTERÍSTICAS DEL ESPACIO

Se trata de la rehabilitación de un edificio en suelo residencial. Distribuido en 4 plantas con ascensor, habitaciones con baño privado totalmente equipadas, zonas comunes (cocina comedor, salón social, *coworking*), terraza principal, zona de deporte y patio exterior con BBQ.

Fuente: Elaboración propia.

4. OPERADOR/PROMOTOR

The Residential Club ofrece una innovadora propuesta de vivienda para los jóvenes profesionales que viven en las ciudades, gracias a la combinación de privacidad y comunidad, todo en un mismo espacio. Este modelo residencial permite disfrutar de las ventajas de espacios comunes, diseñados para fomentar la interacción y el *networking* entre los miembros, y espacios privados que garantizan el confort.

5. PÚBLICO OBJETIVO

The Residential Club nace para dar respuesta a un *target* joven profesional, con una edad comprendida entre los 25-35 años, que llega solo a una nueva ciudad, como trabajador, nómada digital o para formarse con un MBA, y le ofrece la oportunidad de vivir en un espacio adaptado a sus necesidades, con gente que comparte sus mismas inquietudes y necesidades.

6. SERVICIOS Y AMENIDADES

Lista de servicios y comodidades ofrecidos dentro del precio final:

- Único pago mensual con suministros incluidos.
- Mantenimiento integral.
- Flexibilidad en el contrato [3-12 meses].
- Limpieza de zonas comunes.
- Eventos y actividades mensuales, dentro y fuera de los espacios.
- Descuentos y promociones exclusivas en la ciudad.
- App móvil que permite mantener a la comunidad informada, conocer al resto de miembros de otros espacios, apuntarse a eventos y actividades o informar de cualquier incidencia.

Lista de servicios adicionales:

- Limpieza del espacio privado.
- Cambio de sábanas y toallas.
- *Late check-out.*

7. MODELO DE NEGOCIO

El modelo de negocio se basa en un acuerdo de gestión entre la propiedad y el operador.

Este enfoque se centra en la creación de valor tanto para los propietarios de los inmuebles como para los operadores, estableciendo una relación de beneficio mutuo. A través de un acuerdo de gestión, que se fundamenta en un plan de negocio sólido y un esquema de comisión basado en el EBITDA del activo, se busca maximizar la rentabilidad y eficiencia operativa.

8. IMPACTO SOCIAL/ECONÓMICO/CULTURAL

Moncloa se ha consolidado como un núcleo estudiantil gracias a la proximidad de este barrio con diversas universidades, y a la amplia oferta de residencias y colegios mayores para estudiantes.

La reciente inauguración de The Residential Club marca un cambio en la demografía del barrio, con un impacto en la comunidad local ya que el perfil no es estudiantil, sino jóvenes profesionales que llegan a la ciudad para trabajar, con una capacidad económica superior y una inversión en ocio de mayor calidad.

Desde el punto de vista inmobiliario, el concepto de coliving responde a la demanda de vivienda flexible, que se adapta a estancias más cortas que el alquiler tradicional y requiere un compromiso a medio-largo plazo, según las necesidades individuales de cada persona.

El modelo de negocio de The Residential Club se enfoca en la gestión de espacios residenciales, ofreciendo un servicio diferenciado al activo. En este caso, un edificio eclesiástico, actualmente en desuso, lo que representa una nueva alternativa de vivienda en la zona y una propuesta de valor al sector inmobiliario, respondiendo a una demanda emergente de vivienda en los jóvenes profesionales.

9. RESULTADOS/LOGROS

- Respuesta a la demanda de vivienda de un público joven profesional.
- Alquileres flexibles que ofrecen una oportunidad de vivienda temporal.
- Comunidad con características similares y necesidades comunes.
- Reforma e integración al mercado de un activo en desuso.
- Paneles solares que marcan el avance hacia la sostenibilidad y la eficiencia.

10. CONCLUSIONES

Este proyecto representa un caso de éxito para el sector del flex-living, al incorporar al mercado inmobiliario un activo en desuso, transformado en un activo residencial de media estancia que aporta valor tanto a nivel social, por las necesidades de vivienda latentes en la capital, como a nivel innovación, aportando un activo adaptado a las nuevas formas de vida de los jóvenes profesionales.

Estos espacios residenciales satisfacen una nueva demanda de alquiler de este *target* profesional agrupado entre los 25 y 35 años, gracias a la combinación de flexibilidad contractual, que ofrece una oportunidad de vivienda temporal, facilidad, al ofrecer una cuota única con todo incluido, y espacios privados y zonas comunitarias que permiten fomentar conexiones tanto personales como profesionales entre gente que comparte el mismo estilo de vida.

En conclusión, este proyecto innovativo no solo ha revitalizado un espacio inutilizado, sino que ha redefinido los estándares de vivienda flexible, incentivando nuevos modelos de vida centrados en la comunidad.

CASO PRÁCTICO 8

BE CASA SAN SEBASTIÁN DE LOS REYES

Marino Laso
Senior Marketing Manager GREYSTAR

1. RESUMEN EJECUTIVO

En los últimos años se ha producido un cambio en la forma en que los ciudadanos se relacionan con sus hogares. La pandemia fue el punto de inflexión donde las personas comenzaron a replantearse si el hogar en el que vivían era el que deseaban o necesitaban, e incluso si esa era la ciudad en la que querían vivir. En este sentido, los usuarios comenzaron a exigir mayor flexibilidad, más calidad en los servicios relacionados con el hogar y, en definitiva, mucha más comprensión por parte de sus «caseros».

Greystar, consciente de esta situación, diseñó una oferta de alojamiento alternativa al alquiler tradicional poniendo al consumidor en el centro de las decisiones: Be Casa.

Be Casa es la primera marca del mercado dedicada al sector de alojamientos flexibles en España. Un concepto que se adelanta a estas nuevas necesidades trayendo al mercado un servicio pionero e inédito de alojamientos flexibles en nuestro país dirigidos a un perfil de residente mucho más concienciado y exigente que demanda mayor flexibilidad y calidad en sus experiencias en relación con el alojamiento. En 2023 la compañía inauguró Be Casa San Sebastián de los Reyes que se suma a los existentes en Valdebebas y Rivas-Vaciamadrid. Estos tres proyectos ofrecen más de 2.500 apartamentos de alojamiento flexible en el mercado de Madrid, dirigidos a un grupo de clientes que no estaban siendo escuchados adecuadamente. Be Casa, concebida a partir de un profundo conocimiento de las necesidades de los clientes, ofrece un servicio de calidad *on site*, amplias áreas comunes y servicios incluidos, diferenciándose así del alquiler tradicional y donde tiene una gran presencia la cultura de la convivencia con personas con perfiles afines.

Be Casa San Sebastián de los Reyes es un proyecto que se caracteriza por su visión disruptiva, sostenible en la que el inquilino cuenta con una experiencia de máxima calidad y en el que la flexibilidad es la principal protagonista con una política de precio de todo incluido.

Está compuesto por 1.137 alojamientos flexibles totalmente amueblados ubicados en un área de 9.000 metros cuadrados en las cercanías del Hospital Infanta Sofía. Entre las zonas comunes que tiene Be Casa San Sebastián de los Reyes destacan sus espacios de *coworking*, con el objetivo de facilitar espacios cómodos y equipados para el trabajo, reuniones, *networking*, etc. También se incluyen múltiples espacios comunes dirigidos al ocio, como una sala de cine, gimnasio, club social, piscina exterior, etc.

Además, una de las ventajas del modelo Be Casa es que los usuarios disponen de todas las facilidades y flexibilidad que precisan para vivir: buenas conexiones al centro de Madrid y a los distritos empresariales de la ciudad, apartamentos completamente equipados y amueblados en los que poder disfrutar de la privacidad, la comodidad y los servicios de un hotel, tales como lavandería, cambio regular de toallas y sábanas, etc.

Un aspecto destacable es que Be Casa San Sebastián de los Reyes se caracteriza por su concepción desde una óptica sostenible y de cuidado del medio ambiente. El inmueble cuenta con las más estrictas certificaciones ambientales e incorpora materiales sostenibles, sistemas de autoabastecimiento energético mediante aerotermia y zonas de aparcamiento para bicicletas para fomentar una movilidad verde.

Por otra parte, cabe destacar un aspecto esencial del modelo Be Casa, como es la flexibilidad total del usuario a la hora de elegir la duración de su estancia, y que puede ir desde un día, varios meses o un año. Esta característica es una ventaja notable para el usuario, que dispone de absoluta flexibilidad para elegir el tiempo que desea alojarse.

2. UBICACIÓN

San Sebastián de los Reyes. Avda. de los Pirineos, 33, 28703 Madrid.

3. CARACTERÍSTICAS DEL ESPACIO

— Tipo de inmueble, suelo, rehabilitación: Complejo de alojamientos que incluyen estudios y apartamentos de 1 y 2 habitaciones en régimen de alojamiento flexible. Es un proyecto de alojamiento innovador basado en la flexibilidad de estancias (desde 1 día, semanas o meses) y en la configuración de espacios donde se combinan áreas privadas y comunes junto con una gama de servicios incluidos en las tarifas.

— Superficie Total: Área de 9.000 m².
— Distribución de Espacios (número de habitaciones, áreas comunes, servicios, etc.):

El Be Casa San Sebastián de los Reyes cuenta con 1.137 apartamentos, convirtiéndose así en el proyecto de alojamiento flexible más grande de Europa. La comunidad se compone de diferentes tipologías de unidades, 900 garajes y más de 4.700 m² destinados a zonas comunes (interiores y exteriores). El edificio tiene 3 alturas sobre rasante y 1 bajo rasante. Las plantas incluyen los siguientes usos:

- En el sótano: Aparcamiento subterráneo con 900 plazas de coche de las cuales se destinan 29 plazas a PMR. A su vez, se añaden 27 plazas para motocicletas y 250 plazas de bicicletas. También se ubican en el sótano-01 cuartos de basuras, almacén y aseos.
- Planta baja (15.748 m²): 2.081 m² de *amenities* (*lobby, coworking*, gimnasio, cine, sala privada, salón social, cafetería, aseos, *pet spa*) y el resto se destina a alojamientos y más de 2.600 m² a zonas comunes exteriores.
- Planta primera: 14.675 m² destinados a alojamientos y zonas comunes.
- Planta segunda: 14.873 m² destinados a alojamientos y zonas comunes.

4. OPERADOR/PROMOTOR

— Nombre de la Empresa/Individuo: Greystar Spain, S.L.

Greystar es una empresa líder en inversión, gestión y desarrollo de activos residenciales, logísticos. Con sede en Charleston, Carolina del Sur, Greystar gestiona activos inmobiliarios valorados en más de 290.000 millones de dólares en casi 247 mercados a nivel mundial. En España es pionero en el segmento del alojamiento flexible con una oferta de más 2.500 de alojamientos de este tipo en la Comunidad de Madrid.

5. PÚBLICO OBJETIVO

El perfil de público objetivo de Be Casa San Sebastián de los Reyes abarca a cualquier perfil de usuario que precise o desee acceder a una mayor flexibilidad y calidad en sus experiencias en relación con el alojamiento.

Además, el concepto de Be Casa también es muy interesante para aquellos trabajadores y nómadas digitales que necesiten desplazarse y disponer de una estancia por un período de tiempo determinado en un espacio que disponga de la mejor calidad, zonas comunes, áreas de trabajo y una comunidad afín con la que poder interactuar.

6. SERVICIOS Y AMENIDADES

Lista de servicios y comodidades ofrecidos en el espacio de coliving:

- Espacio de *coworking*.
- Gimnasio.
- Piscina exterior.
- Pista de pádel.
- Jardín.
- Club social.
- Sala de cine.
- Cafetería.
- Lavandería.
- Parking y taller de bicicletas.
- Garaje.
- Recepción y seguridad.
- Cambio regular de toallas y sábanas.
- Recepción de paquetería.
- Equipo de mantenimiento.
- Azotea y barbacoas.

7. MODELO DE NEGOCIO

Los alojamientos se estructuran a través del alquiler de los distintos apartamentos (estudios, apartamentos de 1 dormitorio y apartamentos de 2 dormitorios), ya sea por noche o por mensualidad. El alquiler incluye los suministros básicos, servicio de limpieza, Wi-Fi, recepción y seguridad 24 horas, equipo de mantenimiento, parking y acceso a zonas comunes.

8. IMPACTO SOCIAL/ECONÓMICO/CULTURAL

Be Casa es un ejemplo de generación de comunidad e impacto social positivo. El proyecto ha supuesto un gran dinamizador para la localidad y sus alrededores, generando empleo directo e indirecto gracias al acuerdo suscrito con el Ayuntamiento de San Sebastián de los Reyes para cubrir los puestos de trabajo, las vacantes y sustituciones que surjan con demandantes de empleo del municipio.

Asimismo, Be Casa ha firmado un patrocinio con la cantera de niños pequeños del club de futbol de San Sebastián de los Reyes.

9. RESULTADOS/LOGROS

El espacio en San Sebastián de los Reyes está funcionando con éxito gracias a su concepto innovador que ofrece una solución habitacional plenamente adaptada a las necesidades reales de todas las personas. Así, Be Casa San Sebastián de los Reyes ha alcanzado el hito de superar el 50% de ocupación en menos de los 6 primeros meses de vida del proyecto.

10. CONCLUSIONES

España está viviendo un cambio de paradigma referente a la relación que los ciudadanos mantienen con sus alojamientos. En este sentido, el concepto Be Casa se adelanta a estas nuevas necesidades trayendo al mercado un servicio pionero de alojamientos flexibles en nuestro país que se dirige a un perfil de residente que valora y demanda una nueva relación con el alojamiento basada en la flexibilidad, la calidad del servicio y unos servicios y prestaciones atractivas.

En este sentido, Be Casa San Sebastián de los Reyes pone en el foco en la experiencia del usuario, ofreciéndole flexibilidad para el alojamiento, tanto en la duración de sus estancias (días, semanas o meses), como en la configuración de sus áreas privadas. También el proyecto garantiza espacios modernos y de calidad con áreas al aire libre, zonas comunes adaptadas para el trabajo, el ocio y el descanso y la posibilidad de crear una comunidad con otros ocupantes que tienen intereses y características afines, algo absolutamente diferencial frente al alquiler tradicional.

CASO PRÁCTICO 9

TRANSFORMACIÓN DE EDIFICIOS TERCIARIOS A COLIVING

JAIME DÍAZ DE BUSTAMANTE
Socio GÓMEZ ACEBO & POMBO

1. RESUMEN EJECUTIVO

A petición del cliente se nos encarga el asesoramiento jurídico y fiscal sobre la posible adquisición, como comprador, de un edificio residencial sito en una calle céntrica de Madrid (la «**Operación**») inscrito en el Registro de la Propiedad de Madrid (el «**Edificio**») para la implementación de una actividad de coliving.

Nuestro trabajo consistía en acompañar al cliente en la realización de una revisión jurídica y fiscal del edificio y de la actividad, así como la adquisición del Edificio.

2. UBICACIÓN

El Edificio está ubicado en Madrid, en una calle en casco urbano, céntrica.

3. CARACTERÍSTICAS DEL ESPACIO

Aunque existía discrepancia registral y real, se confirmaba que el Edificio constaba de: (i) planta baja; (ii) cuatro (4) plantas (de la primera a la cuarta) en las que hay un apartamento de doscientos metros cuadrados (200 m^2) por planta; y (iii) una última planta (la quinta) en la que hay un apartamento de cincuenta metros cuadrados (50 m^2) y trasteros.

Además de lo anterior, hay que tener en cuenta que, según lo establecido en la información catastral, el Edificio contenía una superficie construida de mil trescientos diecinueve metros cuadrados (1.319 m^2) y una superficie gráfica de doscientos sesenta y dos metros cuadrados (262 m^2), además, según la información catastral el Edificio tiene la siguiente distribución:

- Planta CC (escalera A): su uso principal es el de vivienda.
- Planta -1: su uso principal es el de almacén.
- Planta 0: sus usos principales son ocio, hostelería, oficinas, vivienda y almacén.
- Planta 1: su uso principal es el de vivienda.
- Planta 2: su uso principal es el hotelero.
- Planta 3: su uso principal es el de vivienda.
- Planta 4: su uso principal es hotelero.
- Planta 5: su uso principal es el de vivienda y almacén.

4. OPERADOR/PROMOTOR

Nuestro cliente es una empresa internacional, líder en la actividad de coliving, que es propietaria y opera cada uno de los activos inmobiliarios que adquiere. Impulsado por un enfoque centrado en la comunidad, prioriza la experiencia de sus miembros a través de un proceso flexible y centrado en la tecnología. Proporciona una experiencia única de alojamiento compartido a través de alojamientos premium completamente amueblados.

5. PÚBLICO OBJETIVO

Los usuarios del cliente son jóvenes trabajadores de todas las nacionalidades, que pueden asumir rentas entorno a los 1.000 euros/mes, así como disfrutar de la comunidad, con eventos y el uso de la tecnología (app) para solucionar los aspectos del día a día.

6. SERVICIOS Y AMENIDADES

- Agua, gas y electricidad.
- Internet.
- Netflix.
- Suscripción a gimnasio.
- Desayuno.
- Limpieza.
- Seguro.
- Suplementos básicos (compra).
- Eventos comunitarios.

7. MODELO DE NEGOCIO

La Operación se estructura, jurídicamente, de la siguiente manera:

- Carta de intenciones (LOI) en la que se acuerdan los aspectos más relevantes de la Operación.
- Informe de *due diligence* legal y técnica de implementación de un uso de coliving en el Edificio.
- Contrato privado de arras, sujeto al cumplimiento de varias condiciones.
- Otorgamiento de la escritura de compraventa de adquisición del Edificio.

8. IMPACTO SOCIAL/ECONÓMICO/CULTURAL

La entrada de *colivers* de diferentes nacionalidades tiene un impacto social y cultural evidente en la zona centro de Madrid, haciendo de la ciudad una localización multicultural y atractiva como destino turístico, así como para los locales de la zona.

9. RESULTADOS/LOGROS

La Operación tenía los siguientes riesgos jurídicos y urbanísticos detectados en el proceso de *due diligence*:

- No se podía confirmar si el Edificio estaba libre de inquilinos y/u ocupantes o terceros, ni si los contratos de arrendamiento proporcionados estaban en vigor.

- No se podía confirmar que la inspección técnica del Edificio (ITE) había sido satisfecha correctamente.
- La edificabilidad máxima permitida para el Edificio era inferior a 1.000 m^2. No obstante, la superficie construida que constaba en el Catastro estaba por encima de esa cifra.
- No se habían aportado la existencia de las licencias de obra nueva y primera ocupación del Edificio, ni la licencia de ejecución de obras de consolidación parcial en la estructura de las plantas tercera y cuarta.

Todas estas potenciales contingencias fueron cubiertas satisfactoriamente a través de: (i) unas como condiciones a ser cumplidas a una fecha determinada en el contrato privado de arras, de tal manera que solamente podría otorgarse la escritura de compraventa si se evidenciara su cumplimiento; y (ii) otras en la propia escritura de compraventa, en unos casos directamente como indemnidad.

10. CONCLUSIONES

Se trata de una de las varias operaciones de coliving que hemos llevado en el despacho en Madrid. Al igual que con el resto, resulta fundamental realizar un estudio jurídico, técnico y urbanístico preliminar que determine el nivel de contingencias y posibles soluciones a las mismas, dentro del propio proceso de desarrollo de la Operación. De igualo manera, para la salvaguarda de los intereses de nuestro cliente, es relevante cruzar las contingencias detectadas con el cumplimiento de determinadas condiciones (entre otras, la obtención de la licencia de obras) para el otorgamiento de la escritura pública de compraventa. Otra consideración pasa por asegurar, en la medida de lo posible, que el único riesgo de la Operación para el cliente, antes del otorgamiento de la escritura de compraventa, sean los gastos realizados en asesores externos, sin que haya riesgo respecto de las cantidades de arras depositadas.

Finalmente, señalar la importancia de estar coordinados entre las diferentes áreas y asesores externos con el cliente (técnicos, fiscalistas, abogados, parte comercial) y aprender las distintas sensibilidades del perfil vendedor, a la hora de la redacción de los documentos y de las negociaciones.

CASO PRÁCTICO 10

COLIVING SAN LORENZO 20 MADRID — JOIVY

Xavi Pros
WIFIRST IBERIA — WIFI COMO SERVICIO

1. RESUMEN EJECUTIVO

Construido para el Marqués de Villa Magna en la década de 1864, y es un monumento histórico con impresionantes características arquitectónicas. Se sitúa en una tranquila calle adoquinada dentro de uno de los barrios más populares de Madrid: Tribunal. Hasta el año 2014, el edificio era propiedad del Vaticano. Como alojamiento en Madrid, ofrece una excepcional mezcla entre historia y modernidad. La residencia no solo está disponible para universitarios y alumnos de posgrado, sino también para quienes por motivos de trabajo tienen que pasar una temporada en la capital.

La infraestructura de la red estaba llegando a su fin, por lo cual se realizó un despliegue en un tiempo récord de dos semanas. Además de los plazos cortos, tuvimos que lidiar con la arquitectura de un edificio antiguo y protegido.

2. UBICACIÓN

Madrid.

3. CARACTERÍSTICAS DEL ESPACIO

— Residencia de coliving.

— Superficie Total: 2.622 m^2.
— Distribución de Espacios: 67 habitaciones, 1 oficina, 1 sala de eventos, 1 salón, 2 salas de estudio y 2 terrazas.

4. OPERADOR/PROMOTOR

— Nombre de la Empresa/Individuo: Joivy.
— Joivy simplifica el mercado residencial en Europa. Para los propietarios de viviendas, ofrecemos un ecosistema flexible de soluciones inmobiliarias. Para aquellos que buscan su propio espacio, proporcionamos hogares a medida para cada necesidad.

5. PÚBLICO OBJETIVO

Jóvenes entre 18 y 35 años, estudiantes y nómadas digitales.

6. SERVICIOS Y AMENIDADES

Garantizar la conexión Wi-Fi de los residentes entre los dos despliegues y el RAN (*Room Area Network*) (Wi-Fi privado por habitación). Cubrir las nuevas zonas comunes que se estaban creando durante la reforma del edificio Ático, gimnasio, *Showcooking* en el sótano, zona de *coworking*.

Integración con terceros: sistema de puertas conectadas, lavandería conectada, CCTV y *lockers* conectados.

7. MODELO DE NEGOCIO

Wi-Fi como servicio sin inversión. Totalmente financiada por Wifirst y pago por cuota mensual desde el inicio de la puesta en marcha del servicio.

8. IMPACTO SOCIAL/ECONÓMICO/CULTURAL

La externalización del Wi-Fi como servicio, les permite enfocarse en su negocio ya que Wifirst se ocupa al 100% de la conectividad; monitorizando la red y atendiendo a sus clientes directamente en el caso de que sea necesario, A su vez, disponer de un modelo de negocio en renting se ajusta a la perfección a las necesidades de su empresa.

9. RESULTADOS/LOGROS

Se decidió realizar el despliegue en dos fases. Durante la primera fase se realizó únicamente el cambio de los *Access Points* ya instalados por unos *Access Points* más potentes y así garantizar la conexión a los residentes presentes en la residencia. Durante la segunda fase, se cambió todo el cableado estructurado de la residencia y se mejoró la implantación para cubrir todas las habitaciones, zonas comunes y exteriores del edificio. También, se completó la infraestructura de red con la instalación de nuevas antenas para cubrir las nuevas zonas de *coworking*, salones y *showcooking* del establecimiento. Por fin, en colaboración con Joivy, se realizó la integración del sistema de puertas conectadas al igual que el sistema de lavandería, CCTV y *lockers* conectados.

10. CONCLUSIONES

Un proyecto ambicioso, en un edificio histórico donde se llegó a mejorar la conectividad para darle una segunda vida adaptada a las necesidades actuales de conectividad.

CASO PRÁCTICO 11

FISCALIDAD DE LA INVERSIÓN DE MARTIJANA

BORJA DE GABRIEL
Socio ANDERSEN

1. RESUMEN EJECUTIVO

La empresa llamada «MARTIJANA, S.A.» ha decidido invertir en el modelo de coliving para diversificar su cartera de activos inmobiliarios. MARTIJANA, S.A., tiene la intención de desarrollar un complejo de coliving en una ciudad española. En principio no tiene pensado ofrecer unidades residenciales con servicios adicionales como limpieza, cambio de sábanas, recepción 24 horas, gimnasio y eventos comunitarios, pero está considerando arrendarlo a una entidad gestora que sí los brindaría. La empresa necesita entender las implicaciones fiscales de esta inversión para optimizar su estructura operativa, teniendo en cuenta que la totalidad del coste de proyecto es de 8 MM euros más IVA (1.680.000 euros) y que va arrendar cada una de las 80 habitaciones a un precio de 1.925 euros mensuales (en principio, precio final venta al público de acuerdo con los estudios de la zona).

2. SOLUCIÓN

- Si MARTIJANA ofrece las unidades de coliving sin servicios adicionales significativos, estas podrían clasificarse como residencias tradicionales, exentas de IVA según el artículo 20.Uno.23.º.*b*) de la Ley, por lo que el importe de 1.680.0000 euros no sería deducible y supondría un incremento del coste para el proyecto.

- Si MARTIJANA incluye servicios adicionales, como limpieza regular y recepción, el coliving podría tratarse como un servicio de hospedaje, sujeto a un IVA del 10%, siendo deducible el importe de 1.680.000 euros. No obstante, debería ingresar como IVA repercutido 175 euros mensuales por cada habitación (el ingreso se limitaría a 1.750 euros mensuales). Por tanto, en un plazo de 10 años, arrendando todas las habitaciones todos los meses, habría repercutido un importe equivalente al IVA soportado.
- Si la gestión diaria se cede a una empresa especializada, la estructura operativa afectará la aplicabilidad del IVA, dependiendo de si los servicios adicionales son facturados y de quién los factura:

  — En caso que la empresa gestora, especializada en la intermediación de alquileres, deduce una comisión antes de transferir los ingresos a MARTIJANA, la comisión estará sujeta al IVA del 21%. Dependiendo si se prestan adicionalmente servicios adicionales, MARTIJANA podrá deducir dicho impuesto soportado.

  — Si la empresa gestora, gestiona los alquileres en nombre propio —factura a sus clientes—, MARTIJANA será quien le repercuta un IVA al tipo del 21%, pudiéndose deducir el IVA soportado en la promoción del inmueble.

- MARTIJANA tributará por las rentas obtenidas por el arrendamiento de los espacios privados al tipo general del 25% en el Impuesto sobre Sociedades (IS).
- En el supuesto que el 55% de las rentas de MARTIJANA provengan del arrendamiento de viviendas (contrato de arrendamiento sujeto a la LAU) y al menos 8 viviendas estén arrendadas u ofrecidas durante 3 años, podrá aplicar una bonificación del 40% en la parte de cuota íntegra correspondiente a las rentas derivadas del arrendamiento de viviendas.
- En ningún caso, la entidad gestora podrá aplicar el régimen EDAV, al no ser la propietaria de las unidades en alquiler.
- MARTIJANA debe causar alta en el epígrafe 861.1 (Alquiler de viviendas) o 685 (Alojamientos turísticos extra hoteleros) dependiendo de los servicios adicionales prestados.

3. CONCLUSIÓN

A través de una gestión fiscal adecuada y asesoramiento estratégico, Vivienda MARTIJANA puede optimizar su estructura fiscal, maximizar la eficiencia y cumplir con las obligaciones fiscales, permitiendo un crecimiento sostenible y rentable en el mercado del coliving. Es esencial trabajar con asesores fiscales desde las fases tempranas del proyecto para asegurar una planificación adecuada y una comprensión clara de las implicaciones fiscales.

ENTREVISTAS

ENTREVISTA 1*

EL COLIVING DESDE LA COMUNIDAD DE MADRID

PRINCIPALES ACTORES DEL SECTOR LIVING. CÓMO DESDE LA COMUNIDAD DE MADRID SE ENTIENDEN ESTOS NUEVOS ESPACIOS INMOBILIARIOS COMPARTIDOS, ACCIONES AL RESPECTO

Entre los principales objetivos del gobierno de la Comunidad de Madrid para facilitar el acceso a la vivienda en nuestra región, se encuentra incrementar la oferta disponible especialmente para los más jóvenes, así como generar más suelo y flexibilizar un urbanismo excesivamente rígido.

No cabe duda de que el «coliving» puede colaborar con el primero de esos objetivos: incrementar la oferta de, llamémoslo de momento, «soluciones habitacionales». Quizá para algunos, esta sería la primera cuestión que abordar: ¿Se puede considerar el «coliving» como vivienda? Aunque quizá con una visión más amplia podríamos cuestionarnos: ¿Es necesario detenerse a analizar si el coliving es vivienda, o se puede aparcar de momento esta discusión para aprovechar las posibilidades de este modelo habitacional para colaborar en la solución del problema de la vivienda?

El «coliving» es un fenómeno en plena expansión, especialmente en los últimos años en la Comunidad de Madrid, donde una vez más la realidad ha sido más rápida que el legislador, careciendo el «coliving», salvo alguna excepción, incluso a día de hoy, de una regulación clara que dote de seguridad jurídica a promotores, gestores y usuarios.

---

* Entrevista realizada a María José Piccio-Marchetti. Directora General de Vivienda y Rehabilitación de la Comunidad de Madrid.

Si bien se trata de un modelo habitacional con cierta trayectoria en otros países y con una notable implantación en ciudades como Nueva York, Londres o Paris, para España su expansión es un fenómeno relativamente novedoso y como cualquier novedad suscita debate entre sus defensores y detractores. Desde las posturas que consideran el «coliving» un modelo habitacional que viene a dar respuesta a la demanda de espacios que, sin renunciar a la privacidad, propician otras formas de vivir, compartiendo experiencias, vidas, etc., y supone una oportunidad de emancipación para los jóvenes hasta los que lo consideran una solución de resignación ante la dificultad de acceso a la vivienda por los elevados precios del alquiler con respecto a los salarios.

Ante estas emergentes soluciones habitacionales, desde el punto de vista de la regulación, la posición de la Administración debe ser valorarlas como opciones no excluyentes de otras que bajo la irrenunciable premisa de ofrecer unas condiciones dignas y asequibles pueden coexistir y contribuir con las políticas de vivienda que se impulsen desde las Administraciones Públicas. Fomentando una regulación flexible, que permita recoger una realidad existente y posibilite su rápida adaptación a situaciones cambiantes igual que ocurre con las nuevas formas de vida.

La Constitución Española establece, entre los principios rectores de la política social y económica, el derecho de todos los españoles a disfrutar de una vivienda digna y adecuada.

La dignidad en la vivienda viene asociada al concepto de habitabilidad y la normativa hoy vigente relativa a la habitabilidad está constituida por una serie de órdenes ministeriales que regulan muy insuficientemente uno de los factores esenciales para conseguir una calidad de vida adecuada. Basta señalar que la norma básica en lo que se refiere a las viviendas no sujetas a ningún régimen de protección es la vieja Orden del Ministerio de la Gobernación de 29 de febrero de 1944, que si en aquellas fechas podía suponer un mínimo irrenunciable, hoy está claramente sobrepasada por el nivel general de nuestra sociedad cuyas necesidades y modos de vida claramente han cambiado.

Por lo que respecta a las condiciones de habitabilidad de viviendas beneficiarias de algún tipo de protección pública, bastante mejor reguladas, también las normas hoy vigentes tienen algunas determinaciones que se deben revisar.

Por lo que atañe a las condiciones de habitabilidad, la falta de regulación de la vivienda compartida y las variaciones que los distintos planes generales municipales de ordenación urbana ofrecen sobre las mismas, hacen necesario un tratamiento general con vocación de estabilidad.

Este obsoleto panorama normativo, como se ha expuesto, debe propiciar su revisión, explorando, con una visión amplia, otros conceptos habitacionales que den respuesta a demandas y necesidades de la sociedad del siglo XXI.

Volviendo al principio, en el que de momento habíamos propuesto dejar aparcada la discusión sobre si el «coliving» debe considerarse o no vivienda, quizá lo que deba cambiar es el concepto de vivienda o al menos deba admitir variantes al concepto tradicional porque ese encorsetamiento también impide en gran medida la evolución hacia otros modelos de vivienda de carácter colaborativo que podrían posibilitar el desarrollo sostenible de las zonas urbanas, así como la implantación de edificios para estudiantes y jóvenes cualificados, que buscan alternativas más económicas a la vivienda convencional que posibiliten su emancipación.

Los modelos «flex-living», que sin duda pueden ofrecer interesantes alternativas para la emancipación de los jóvenes, o para aquellas personas que a determinada edad puedan valorar los servicios que puedan ofrecerles los espacios compartidos, quizá deberían plantearse como podrían evolucionar hacia la etapa intermedia en la que las necesidades de espacio irremediablemente cambian para dar cabida a un núcleo familiar.

La tarea para el legislador no será fácil tratándose de un asunto que abarca legislación de muy diverso calado, en lo que se refiere a las relaciones contractuales, desde la Ley de Arrendamientos Urbanos al Código Civil, o en los aspectos urbanísticos desde la Ley del Suelo, a la normativa que regula la vivienda protegida o el planeamiento urbanístico, todo ello, además, implementado por las repercusiones sobre la legislación fiscal.

Aun así, el reto no debe ser solo para la Administración, las asociaciones que representan a los inversores y gestores de los modelos de negocio que propician los nuevos espacios inmobiliarios compartidos deben hacer suyo el mandato que promulga nuestra Carta Magna propiciando, también, sin renunciar a su resultado empresarial, el acceso a una vivienda digna. La mejor fórmula para la consecución de estos objetivos, sin duda, residirá en la defensa de la calidad, poniendo la distancia necesaria sobre aquellas propuestas que al no mantener una dignidad suficiente en los espacios que integran la vivienda pudieran entorpecer en la acogida que la sociedad pueda dar a estos nuevos modelos habitacionales.

ENTREVISTA 2*

EL COLIVING Y SU INFLUENCIA EN EL SECTOR INMOBILIARIO

Durante los últimos años, el sector inmobiliario ha sido testigo de la emergencia de nuevas tendencias residenciales que responden a los cambios sociales y económicos que se están produciendo a nivel mundial. Una de las más destacadas es el coliving, un concepto que redefine la vivienda tradicional al combinar espacios privados con áreas comunes diseñadas para fomentar la interacción y el sentido de comunidad entre sus residentes. Este enfoque moderno de vivienda compartida no solo responde a la creciente demanda de soluciones más asequibles y flexibles, sino que también se alinea con el deseo de más interacciones sociales y colaborativas, características cada vez más valoradas, especialmente por las generaciones más jóvenes como los Millennials y la Generación Z.

El concepto coliving hace referencia a crear un entorno en el que las personas, además de compartir un espacio, comparten valores y aspiraciones. Este modelo fomenta un estilo de vida más integrado y social que puede resultar particularmente atractivo para aquellos que se mudan a nuevas ciudades o países y buscan conectar con otros rápidamente. En estos entornos, los residentes disfrutan de la privacidad de sus propios dormitorios o apartamentos pequeños, mientras tienen acceso a espacios comunes como cocinas, salas de estar, terrazas y, en algunos casos, incluso instalaciones de *coworking*. Estos espacios están diseñados meticulosamente para maximizar el confort y la funcionalidad a la vez que promueven el bienestar y la colaboración entre sus habitantes.

---

* Entrevista realizada a Carolina Roca. Presidenta de ASPRIMA (Asociación de Promotores Inmobiliarios de Madrid).

Además, el coliving se adapta estratégicamente a las demandas de un mercado laboral en evolución, donde el teletrabajo y los trabajos por proyectos son cada vez más comunes. Ofreciendo instalaciones que soportan tanto la vida personal como profesional, los espacios de coliving permiten a los inquilinos trabajar y relajarse en un solo lugar, facilitando un mejor equilibrio de ocio y trabajo.

Por tanto, a pesar de que podría interpretarse como una moda pasajera, el coliving se está haciendo fuerte porque puede dar respuesta a las necesidades cambiantes de una población cada vez más móvil, digital y flexible en sus estilos de vida y trabajo. Para el sector inmobiliario, representa una oportunidad de diversificación y adaptación a un mercado que demanda soluciones de vivienda más flexibles y económicas. Y para los inversores, este modelo ofrece una tasa de ocupación más alta y una rotación más rápida de inquilinos en comparación con el alquiler residencial tradicional, lo cual puede potenciar la rentabilidad de los activos.

Sin embargo, la implementación de proyectos de coliving no está exenta de desafíos. En la Asociación hemos identificado varios obstáculos que necesitan atención urgente para facilitar el desarrollo de estos espacios. Uno de los principales retos es la normativa urbanística actual, que no siempre contempla las características únicas de este modelo de alquiler. Además, la adaptación de los inmuebles existentes a las necesidades del coliving requiere de una inversión significativa en remodelación y adecuación de espacios comunes y privados, lo que puede incrementar los costes iniciales del proyecto.

Este desafío se agrava por la complejidad de asegurar que todas las instalaciones cumplan con los códigos de construcción y seguridad pertinentes, que pueden variar significativamente entre jurisdicciones. Los promotores de coliving se enfrentan a un laberinto de permisos y regulaciones, que, a menudo, están diseñados de base con un enfoque más tradicional, lo cual puede ralentizar significativamente el proceso de desarrollo y aumentar los costes. A esto se suma la necesidad de diseñar espacios que sean funcionales y estéticamente agradables, además de facilitar la interacción social y el bienestar de los residentes, aspectos esenciales para el éxito de cualquier proyecto de coliving.

Otro desafío importante es la resistencia al cambio por parte de comunidades establecidas. Los proyectos de coliving pueden ser vistos con escepticismo o resistencia por parte de comunidades de vecinos que temen una alteración de la dinámica comunitaria o un aumento en el tráfico y la densidad de población. Esto requiere una estrategia de comunicación efectiva y una colaboración con las comunidades locales para demostrar los beneficios que estas promociones puede aportar al barrio en su conjunto. Lograr la aceptación de la comunidad puede ser tan crucial como cumplir con las normativas urbanísticas.

En respuesta a estos desafíos, estamos llevando a cabo varias iniciativas estratégicas, como el convenio que hemos firmado con COWORD, la principal asociación de espacios inmobiliarios compartidos, para colaborar en el desarrollo de proyectos de coliving, aprovechando su experiencia en la gestión de estos espacios. Como parte de este acuerdo, hemos podido organizar cursos de formación para nuestros asociados, orientados a ayudarles a comprender mejor las dinámicas del coliving y cómo pueden integrarlo en sus estrategias de desarrollo.

A lo largo de 2023, también podemos destacar nuestra activa participación en la propuesta de modificaciones de las Normas Urbanísticas del Plan General de Ordenación Urbana de Madrid, logrando que muchas de nuestras sugerencias fueran incorporadas en el texto normativo del pasado mes de agosto. Estas modificaciones facilitarán el desarrollo de proyectos de coliving al adaptar las regulaciones a las necesidades específicas de estos espacios.

De la misma forma, estamos trabajando en las propuestas relativas a la nueva Ley del Suelo de la Comunidad de Madrid y el nuevo Plan General de la ciudad de Madrid, buscando incorporar medidas que permitan un desarrollo más ágil y adaptado del coliving.

El coliving no solo representa una innovación en términos de arquitectura y diseño y una evolución en la forma de entender la vida urbana y la comunidad. Por este motivo, estamos comprometidos con el desarrollo de esta tendencia, convencidos de su potencial para enriquecer el panorama inmobiliario español y proporcionar respuestas a las necesidades de vivienda del siglo XXI. La colaboración entre todos los agentes del sector será fundamental para superar los retos y maximizar las oportunidades que ofrece el coliving.

ENTREVISTA 3*

SIGUIENTES PASOS: PROPUESTA DE FLEXIBILIZACIÓN DEL URBANISMO ACTUAL

NUEVOS USOS URBANÍSTICOS PARA NUEVAS FORMAS DE VIDA

La sociedad actual está generando formas de vivir diferentes a las que durante siglos han caracterizado a los grupos sociales más estables en la cultura occidental. La unidad familiar ha sido durante siglos la forma de organización de la convivencia humana pero, en la actualidad, y como consecuencia de factores tales como la generalización del libre comercio y la movilidad global, del trabajo ligado a las nuevas tecnologías y de la transformación, en diversos caminos, de la unidad familiar original, se están consolidando nuevas formas de habitar.

Una de estas nuevas formas es la que caracteriza a aquellos individuos que ligados a una actividad económica que les permite no fijar la residencia en un punto concreto del planeta, demandan una movilidad que los retiene, solo en períodos relativamente cortos, en diferentes puntos geográficos. Son un colectivo de personas que vienen en llamarse *Nomad*, nuevos nómadas globales.

A ellos se suman otros grupos de personas que se desplazan desde puntos periféricos en sus diferentes países a puntos de mayor actividad laboral, educativa, cultural o de ocio dentro de sus territorios nacionales o de sus ámbitos políticos generales, entre ellos Europa.

Adicionalmente en capas concretas de media-alta capacidad económica, la edad de emancipación de jóvenes suele ser anterior a la de capas de menor capacidad económica y la demanda de nuevo alojamiento para

* Entrevista realizada a ENRIQUE BARDAJÍ ÁLVAREZ. Arquitecto.

la formación de unidades familiares diversas es, en muchas ocasiones, una demanda de alquileres y servicios especializados en la propia ciudad de la familia de la que se independizan.

Todos estos grupos y otros similares están demandando nuevos hogares que les garanticen un esfuerzo pequeño para la organización práctica del alojamiento y una gran flexibilidad tanto en su consecución como en su abandono.

A pesar de que este tipo de grupos sociales no constituyen entidades sociológicas homogéneas, si parecen inscribirse en aquel tipo de sociedad que cada vez con más intensidad está configurando la «sociedad líquida» en el mundo de la «modernidad líquida» teorizada por Bauman (*Vida Líquida*, Zygmunt Bauman, Paidós, 2005).

No son todavía mayoría en relación con las formas de organización social tradicional, pero tienen una clara perspectiva de gradual crecimiento. A estos grupos sociales demandantes de nuevas formas de vivir y de habitar pero que van conformando sus rutinas vitales a medida de su aprendizaje y experiencia en la vida, y a los solos efectos de su caracterización en esta reflexión los llamaré «grupos sociales fluidos (GSF)».

Los GSF son grupos de personas mayoritariamente jóvenes con media-alta capacidad económica con necesidades fluctuantes tanto en el tiempo como en la ubicación concreta de sus alojamientos y sin necesidad de establecer lazos afectivos concretos ni con su hogar ni con su ámbito territorial.

En este sentido son claramente diferenciables de otros grupos de población que también precisan de nuevos hogares alejados de los tradicionales, pero más ligados a personas «seniors que rechazan sentirse mayores» como se destaca en el Informe Living de CBRE de noviembre de 2022. Este tipo de nuevos usos vienen agrupándose bajo el concepto de *cohousing*.

Los grupos que he caracterizado como GSF, demandan nuevos tipos de hogares. Aunque la demanda no se expresa de una manera homogénea ni existen demasiados estudios sociológicos para determinar sus preferencias habitacionales concretas, sí parece que tienen algunos aspectos en común:

Los GSF se encuentran naturalmente ligados al mundo digital de tal forma que tanto la selección del alojamiento como todas las partes administrativas y económicas de la relación de alquiler las van a preferir gestionar desde plataformas digitales.

Los GSF no pretenden establecer lazos permanentes con los espacios que habitan y necesitan una gran flexibilidad en las fórmulas de alquiler tanto de espacios habitacionales como de servicios ligados a ellos.

Los GSF precisan de servicios que les resulten cómodos para sus condiciones diarias y rutinarias de habitar: limpieza, mantenimiento, conectividad digital, etc.

Los GSF precisan de nuevas formas de establecer relaciones personales y, en consecuencia, dentro de sus hogares demandan espacios de relación de todo tipo: «*coworking places*», salones comunes, zonas de juegos, gimnasio, zonas de cuidado de la salud, etc.

Los GSF están educados, en general, en una valoración de la solidaridad y de la implicación en acciones sociales comunitarias por lo que verán con satisfacción la organización de acciones en este sentido en las que puedan participar.

Los GSF han crecido en la valoración de la sostenibilidad ambiental, de la necesidad de la eficiencia energética de las arquitecturas y del respeto al territorio. En este sentido demandan espacios construidos que contengan en su diseño y ejecución estos valores.

Los GSF han crecido en el mundo visual de la gran diversidad plástica y de la condición efímera de las formas de la moda y precisan por ello arquitecturas y decoraciones más cercanas a la cultura del espectáculo que al clasicismo ilustrado.

Los GSF orientan sus desplazamientos en la ciudad a nuevas formas de movilidad, de tal manera que las ubicaciones de los espacios en los que habiten deben estar cercanas no ya solo al transporte público, sino también a las nuevas ofertas de movilidad urbana.

De todas estas demandas se deduce la necesidad de una gestión profesionalizada que proporcione no solo los espacios con las condiciones descritas, sino también los servicios que se ofrezcan.

NUEVOS USOS URBANÍSTICOS

Los espacios construidos y gestionados de las iniciativas que con una creciente proliferación están intentando cubrir este campo de la demanda habitacional, han venido en agruparse bajo el nombre de Coliving.

El tipo de habitar que he descrito para los Grupos Sociales Fluidos, el coliving, no es el de la vivienda tradicional, ni se inscribe fácilmente en los usos urbanísticos tradicionales.

Con gran predominio en el conjunto de Leyes Urbanísticas y de Planes Generales de Ordenación Urbana españoles, los usos urbanísticos se han clasificado en las siguientes clases generales: Industrial, Residencial, Terciario (o Actividad Económica) y Dotacional.

A su vez estas grandes Clases de Usos han sido divididas en diferentes Categorías y a su vez en Diferentes Grados de Intensidad de la categoría dentro de la clase de uso y sucesivamente en pormenorizaciones cada vez más concretas.

Este sistema de clasificación proviene de las técnicas urbanísticas ligadas a la zonificación del suelo que surge en Nueva York a finales del siglo XIX como fórmula para evitar la concentración de lavanderías en determinados barrios de la ciudad por las graves molestias que producían (*Las experiencias del «zoning»*, Franco Mancuso, Barcelona, Gustavo Gili, 1980). La técnica del *zoning* o de la zonificación establecía la conveniencia para la ciudad de ser dividida en usos que no se mezclaran entre ellos, pero que un siglo y medio después se percibe como una técnica con resultados divisorios entre las partes de la ciudad y dificultadora de la diversidad y la hibridación. La zonificación no debería seguir impregnando cualquier Plan Urbanístico que se desarrolla, porque dificulta extraordinariamente la flexibilidad de implantación de usos agrupándolos en categorías muy concretas y normalmente ligadas a ocupaciones del territorio diferenciadas. Por ejemplo, un edificio de viviendas se construye normalmente en una zona de la ciudad dedicada exclusivamente a la residencia, de tal forma que industrias que fueran ambientalmente compatibles con dicha residencia y que podrían convivir sin dificultades con ella se excluyen de una implantación en dicha zona. Y lo mismo podríamos señalar para cualquier otra Clase de Uso.

Esta metodología de control de usos utilizada en la planificación urbana desde no menos de 150 años, es, en la actualidad, retardataria de la posibilidad de estructurar nuestras ciudades en espacios urbanos en los que prolifere la diversidad, la acumulación de experiencias, la riqueza plástica, la mezcla armónica de actividades y que, como consecuencia de ello, haga de esas ciudades unos ámbitos atractivos y dinámicos y a la vez amables.

La técnica de la zonificación que ha controlado el desarrollo de las ciudades occidentales, con gran proliferación en el mundo desde la Segunda Guerra Mundial, no parece ser la técnica urbanística mejor para las nuevas necesidades que las ciudades occidentales demandan. La conveniencia de no seguir ocupando territorios en expansiones mastodónticas de las ciudades tanto por los graves efectos climáticos que la movilidad desde las periferias a los centros de trabajo genera, como por la desvinculación cívica a la ciudad compleja europea de las poblaciones a estos nuevos barrios, nos debería hacer reconsiderar las técnicas de la zonificación para nuestros nuevos Planes Urbanísticos, centrando el esfuerzo urbanístico en la ciudad consolidada y en densidades y compacidades mayores que las de las expansiones de polígonos residenciales, industriales o terciarios de la segunda mitad del siglo XX.

En la actualidad la posibilidad, tan cercana, de utilizar las grandes Bases de Datos y la Inteligencia Artificial debería permitir a los planificadores urbanos detectar movimientos, tendencias y cambios de las formas de comportamiento sociológico que permitieran no tanto regular como acompasar la presencia de nuevos usos en las diferentes partes de la ciudad.

La disputa científico-cultural entre la clasificación canónica de los usos urbanísticos y la taxonomía más flexible y acompasada a los cambios sociales, no debe entenderse, en mi opinión, como una controversia ideológica entre regulación y desregulación. No se trata de contraponer el control regulatorio al «*laissez fare*», sino de superar el control regulatorio estático por un control dinámico y ajustable en cada momento histórico a las corrientes sociológicas dominantes.

Pero, en cualquier caso, en el mundo urbanístico, la clasificación canónica de los usos «gana por goleada». Todas nuestras Leyes del Suelo y, en consecuencia, nuestros Planes Urbanísticos dividen los usos como queda apuntado y ello genera para el Coliving una dificultad en la tramitación de las autorizaciones para la construcción de aquellos espacios que suponen la nueva oferta de las nuevas demandas de formas de vida diferentes, la de los GSF, porque no se sabe con exactitud donde encajar este nuevo uso.

Para paliar estas dificultades de encaje en los planeamientos ortodoxos, la práctica del Coliving se ha ido adaptando a resquicios normativos que han permitido su efectiva implementación pero que han generado esfuerzos excesivos que deterioran la posibilidad de ajustar la oferta a la demanda existente. Así, el Coliving se ha desarrollado en ocasiones como alguna subcategoría de la categoría del uso Hotelero normalmente ligado a la clase de uso de Actividad Económica o Terciaria. En otras ocasiones se ha encajado en la clase de Uso Residencial, pero ajustándose a parámetros que desvirtúan los contenidos funcionales y arquitectónicos del Coliving.

No tiene sentido urbanístico ni de organización amable de la ciudad, seguir dificultando (no tanto por voluntad explícita como por complejidad administrativa de interpretación de la Norma) un tipo de uso, el Coliving, claramente demandado por grupos sociales concretos, por la sola circunstancia de que su uso no está suficientemente concretado.

Para intentar paliar este conflicto, algunas Administraciones Públicas han aprobado normativas que van introduciendo entre las Normas Urbanísticas Generales referencias y regulaciones a los nuevos usos, bien sea a las «viviendas colaborativas para mayores», a las «viviendas dotacionales» o a una aproximación al Coliving tal como se describe en estas notas, mediante el concepto de Residencial Compartido.

Sin tener la intención de ser exhaustivo, se recogen a continuación algunas normas de diferente rango legislativo que inician la regulación de los usos de Coliving, Cohousing, o viviendas dotacionales.

Así, la Orden de 10 de octubre de 2022, por la que se modifica la Orden de 18 de abril de 1996, por la que se desarrolla el Decreto 243/1995, de 28 de julio, en lo relativo a la regulación de las condiciones y requisitos específicos que deben cumplir los centros de atención a personas mayores. Viviendas Colaborativas Gallegas (mayores de 55 años).

O bien la Ley 3/2023, de 13 de abril, de viviendas colaborativas de la Comunitat Valenciana.

O el Edicto de 17 de noviembre de 2022, sobre acuerdos de la Subcomisión de Urbanismo del municipio de Barcelona, por el que se adoptó el acuerdo de Modificación del Plan General Metropolitano para regular el sistema de equipamientos de alojamiento dotacional, en el término municipal de Barcelona,

O la reciente Modificación de las Normas Urbanísticas del Ayuntamiento de Madrid aprobada el 8 de noviembre de 2023 por la Comunidad Autónoma de Madrid que introduce el uso residencial compartido estableciendo tamaños mínimo de los espacios privativos o los espacios compartidos en usos que pudieran asimilarse a los descritos en estas notas como Coliving.

Estas Normas son felices iniciativas en el campo de la articulación urbanística de nuevas formas de vida, pero no dan respuesta completa a las necesidades de todas estas nuevas formas de alojamiento y, en especial, del Coliving.

Lo conveniente para dar respuesta a una demanda creciente de nuevos alojamientos desde los GLF, sería articular procedimientos de autorizaciones urbanísticas de implantación del Coliving (y otros nuevos usos) desde la valoración de su conveniencia como oferta y de la constatación de que su impacto no es desfavorable ni para la ciudad en su globalidad ni para la zona donde se ubique. Pero siendo estos procedimientos todavía desconocidos en las Administraciones Urbanísticas Españolas, sería práctico y razonable considerar el Coliving como un nuevo uso dentro del Residencial, pero con condiciones especiales (no solo urbanísticas sino de consideración de hogar a efectos administrativos) y que la compatibilidad de este uso con otros dentro de la ciudad sea flexible y sujeta a criterios urbanísticos objetivos.

Pero además de la condición de dar respuesta urbanística a una demanda de nuevas formas de habitar, el fomento del Coliving puede tener algunas ventajas urbanísticas evidentes para el conjunto de la ciudad.

El Coliving es un uso que no demanda, por la propia configuración de los grupos a los que sirve, de dotaciones clásicas para el uso residencial. Efectivamente no se excluye la presencia en espacios Coliving de unidades de convivencia con hijos menores, pero es más frecuente que no existan menores en los Coliving. Esta circunstancia reduce sensiblemente las necesidades de espacios urbanos para dotaciones educativas.

El Coliving es un uso que puede convivir perfectamente con usos terciarios, de oficinas o comerciales, porque no generan afectaciones sobre ellos ni son especialmente «molestados» por los mismos.

El Coliving precisa especialmente de una ubicación cercana a nodos de comunicaciones de transporte público y de las nuevas movilidades (bicicletas, patinetes, o red de vehículos de servicio de transporte) pero no precisa necesariamente de ubicaciones centrales.

El Coliving es un uso que puede utilizarse urbanísticamente para completar actuaciones de regeneración urbana tanto por su baja demanda de dotaciones públicas como por su aportación a actividades colectivas de barrio o por la hibridación y compatibilidad que puede tener con otros usos tanto terciarios de oficinas como, desde luego, residenciales tradicionales.

El Coliving es un uso que se aleja de la vivienda turística tanto por el espacio que se alquila y los servicios que ofrece, como por la duración del alquiler. En este sentido y por la circunstancia de que es una oferta para nuevos grupos sociales que precisan fórmulas para habitar y no habitaciones para pernoctar, su competencia con los alquileres tradicionales de unidades familiares más tradicionales es mucho menor que el de las viviendas turísticas y en consecuencia no es susceptible de generar los procesos de gentrificación que sí produce la vivienda turística.

El Coliving es un uso en el que se puede exigir desde la administración urbanística con toda determinación, altas prestaciones de eficiencia energética en la edificación y en su mantenimiento, puesto que es parte intrínseca de la propia definición del Coliving.

Las conclusiones que pueden deducirse de estas notas es que el Coliving es un nuevo uso urbanístico destinado a ofrecer alojamiento a nuevos grupos sociales, GSF, que lo demandan. Como consecuencia de ello, nuestras normativas urbanísticas deberían establecer esta nueva categoría del uso residencial como específica.

Adicionalmente, la utilización urbanística de este nuevo uso por las Administraciones Urbanísticas puede ser un magnífico instrumento de articulación de ámbitos urbanos que precisen de medidas de regeneración.

ENTREVISTA 4*

SENIOR LIVING EN ESPAÑA

HACIA NUEVOS FORMATOS DE VIVIENDA PARA SENIORS

Los modelos de vida y las viviendas son un reflejo fiel de la evolución social. En el caso europeo, los modelos y modos de vida en la edad adulta, conocidos como Seniors, han experimentado una revolución que difiere significativamente de los modelos estadounidenses, los cuales se han centrado en gran medida en un único concepto de Resort Senior de Golf, muy asociado al Estado de Florida.

En Europa, se han desarrollado modelos de vivienda para personas mayores que se asemejan más a un alojamiento de media y larga estancia que a una vivienda tradicional o a una residencia geriátrica. Este cambio ha sido impulsado en gran medida por una densidad de población mayor de 55 años considerable, especialmente en los países nórdicos, Alemania, Francia y que se prevé que llegue a España en la próxima década, con cerca de 14 millones de personas mayores de 65 años para el año 2050, además de los extranjeros expatriados ya residentes en el país. Esto se ve complementado por el constante crecimiento de hogares unipersonales en las grandes urbes.

La transformación demográfica ha impulsado la búsqueda de nuevos estilos de vida que giran en torno a tres ejes fundamentales: mantener la actividad y, por ende, la buena salud; mantener la vida social; y mantener la independencia sin sacrificar el patrimonio. Esto se respalda con datos que muestran cómo la actividad física y social regular en personas mayores está asociada con una mejor salud física y mental, así como

* Entrevista realizada a Nuria Béjar. Directora Asociada Savills Aguirre Newman.

con una mayor longevidad. Además, los estudios demuestran que mantener la independencia en la vejez no solo mejora la calidad de vida, sino que también reduce la carga económica y emocional para la familia y la sociedad en general.

Este panorama nos lleva a considerar cómo abordar estos centros de vida con un plan de viabilidad sostenible para el usuario final, el promotor y el gestor de los servicios diseñados para facilitar los tres ejes mencionados anteriormente.

Una posible solución radica en hacer que estos modelos de vivienda sean accesibles para una amplia gama de personas. ¿Cómo? Comercializándolos de manera flexible, de modo que el usuario pueda elegir entre vivir en régimen de alquiler, en régimen de inversión o en régimen de derecho de uso y disfrute temporal o vitalicio. Este enfoque se justifica con ejemplos de modelos de vivienda flexibles que han tenido éxito en otros países europeos, como los Países Bajos y Dinamarca, donde se ofrece una variedad de opciones de propiedad y financiamiento para adaptarse a las necesidades y preferencias individuales de los seniors.

FUENTE: Savills.

Solo a través de la flexibilidad se podrá definir un modelo exitoso. Además, esta flexibilidad para el usuario debería protegerse mediante una regulación amplia que no limite estas viviendas a una regulación inflexible o expuesta a vaivenes políticos o regulatorios.

Lo que atraerá al usuario final es un producto que le permita centrarse fácilmente en sus objetivos de salud y vida, y que pueda pagarlo económicamente sin generar estrés económico o cambios radicales en su situación patrimonial. Es esencial evitar proyectos demasiado costosos que puedan llevar al usuario a un estado de ruina. En España, no estamos tan lejos de replicar lo que ha funcionado en países vecinos, y podemos concluir que el éxito siempre coincide con factores como la flexibilidad en las opciones para el usuario (compra, alquiler, acciones), la accesibilidad a la vida social y actividades, y la asequibilidad del producto inmobiliario, ajustado a sus economías.

Un ejemplo paradigmático de este enfoque innovador lo encontramos en el modelo Les Girandieres, que invito cordialmente a explorar. Este modelo francés ha demostrado ser una referencia en la creación de comunidades para personas mayores, ofreciendo una gama diversa de servicios y comodidades diseñados para atender las necesidades específicas de este grupo demográfico. La experiencia de Les Girandieres subraya cómo la integración de servicios de hospitalidad en la vivienda para personas mayores puede fomentar un ambiente de comunidad y un estilo de vida enriquecedor, promoviendo así la salud física y mental de los residentes.

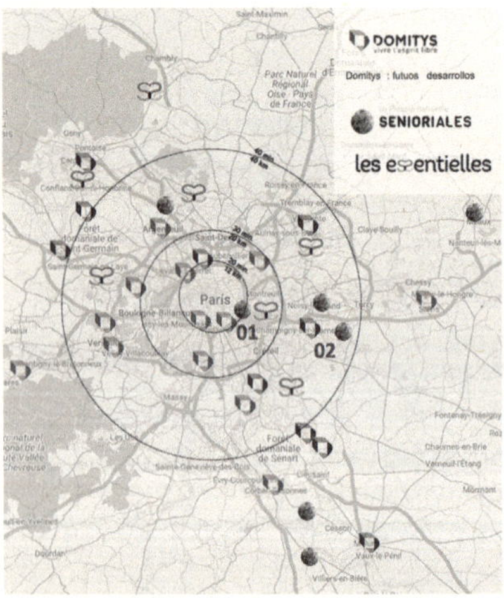

St-Mandé (1)			
69 apts. amueblado	Estudio	de 34 a 38,8 m2	desde 1.530 €
	1 hab.	de 39,05 a 48,94 m2	desde 1.910 €
	2 hab.	de 56,18 a 65,58 m2	desde 3.050 €

Seniorales d'Emerainville (2)			
102 apts. amueblado	Estudio	de 20,67 a 34,92 m2	desde 624 €
	1 hab.	de 38,72 a 47,75 m2	desde 909 €
	2 hab.	de 52,89 a 77,09 m2	desde 1.278 €

FUENTE: Savills (Mapa de Google Maps).

Partiendo de este ejemplo, surge la tarea principal de desarrollar planes de comercialización realistas y diseñar estrategias efectivas para la promoción. La reserva de espacios para personas mayores no resulta una tarea ardua, especialmente si se implementan estrategias de *marketing* dirigidas específicamente a este segmento de la población. Además, es esencial construir un producto inmobiliario actualizado, asequible, pero que mantenga altos estándares de calidad, adaptándose a las diversas capacidades económicas de los usuarios y promoviendo un sentido de comunidad y bienestar.

En cuanto al aspecto financiero, es crucial que cada proyecto o producto sea viable desde el punto de vista económico. Por ejemplo, se puede considerar la oferta de propiedades de alta calidad y servicios boutique para ciudadanos extranjeros con alto poder adquisitivo en destinos exclusivos como Marbella. Por otro lado, en áreas urbanas, se podría optar por un enfoque más accesible para un público con recursos económicos diversos. La categorización de estos proyectos por niveles o estrellas, similar a la clasificación hotelera, permite una mejor comprensión y adecuación a las necesidades y expectativas de los potenciales residentes.

La integración de servicios de hospitalidad en la vivienda para personas mayores, con una base sólida en términos inmobiliarios y financieros, se perfila como una tendencia prominente en España en los próximos años. Sin embargo, para que este modelo prospere, es fundamental que la regulación sea flexible y que se facilite el acceso a la financiación para los potenciales residentes, ya sea a través de incentivos gubernamentales o beneficios fiscales que fomenten la inversión en este tipo de viviendas.

		BUSINES CASE by Savills	
CONSTRUCCIÓN	Adquisición de suelo	**600 €/m² - 1.200 €/m²**	Precio de compra de suelo (inclusive de costes de compra)
CONSTRUCCIÓN	Costes de construcción	**2.000 €/m²**	*Hard* y *Soft costs* Coste total de construcción (inc. costes de promoción y dirección)
OPERATIVO	Período de llenado	**18 meses**	Ocupación estabilizada 97%
OPERATIVO	Tarifas	**Estudio - 1.100 €** **1 dorm. - 1.250 €** **2 dorm. - 1.700 €**	€/unidad/mes Otros ingresos (2%)
OPERATIVO	Opex/ NOI neto	**27-32%**	% sobre ingresos totales

FUENTE: Savills.

ENTREVISTA 5*

LA FINANCIACIÓN ALTERNATIVA ANTE LA TENDENCIA ALCISTA Y A CONSOLIDAR DEL COLIVING

El mercado inmobiliario en España se encuentra en pleno proceso de transformación y, con ello, se hallan en movimiento los distintos pilares que sostienen un edificio que, al cabo de unos años, será sensiblemente diferente: en su estructura y en su terminación. Entre esos pilares, uno de ellos, absolutamente trascendental para llevar a buen puerto cualquier proyecto es el de la financiación.

Una de las primeras decisiones que ha de tomar cualquier empresario es cómo va a obtener el capital para llevar adelante una promoción —en todos los sectores inmobiliarios, por supuesto en el residencial—; y eso significa determinar qué necesidades tendrá para sufragar los costes, con qué cantidades en función de la fase de desarrollo deberá contar en cada momento del proyecto y cómo se obtendrán dichas partidas.

En otros términos, resulta vitar decidir, desde el minuto cero, antes del arranque, qué tramo de esa financiación se cubrirá con recursos propios o «*equity*», en cuál y cómo podrían intervenir socios inversores, y cuánta deuda y de qué tipo se va a incorporar, inicialmente o sobre la marcha; siempre, este esquema, con un primer horizonte claro de amortización y con un segundo, igualmente nítido, tirando por elevación, que contemple márgenes o beneficios, en la medida es que es intrínseca para el empresario la obtención de un lucro, un ánimo innegociable fruto de su actividad profesional.

---

* Entrevista realizada a ALFONSO MERLOS. Vicepresidente de DEXTER GLOBAL FINANCE.

Como en otras áreas inmobiliarias —comercial, industrial, logística, hotelera...—, el crecimiento del nuevo fenómeno del «coliving» no se entiende sin el papel de la financiación alternativa con capital privado, que está trabajando sobre la base de que el español es un mercado con mucho recorrido y de que se encuentra en ventaja competitiva, en la medida en que resulta menos caro que el de otros países del entorno europeo.

EL IMPULSO DEL CAPITAL PRIVADO A LOS NUEVOS FORMATOS INMOBILIARIOS

Cualquier emprendedor, antes de la «crisis del ladrillo» que se producía en la segunda mitad de la década de los años 2000 (dejando esta largas secuelas, algunas de las cuales se prolongan hasta hoy mismo), tenía muy presente que la financiación a través de entidades bancarias tradicionales y, en el caso de España, de las ya casi extinguidas cajas de ahorros estaba en la práctica garantizada. No solo eso, sino que en numerosas ocasiones resultaba innecesaria la persuasión o la puesta en práctica de un ejercicio de generación de confianza del emprendedor hacia el banco, siendo este último el que incluso tomaba la iniciativa y podía espolear al impulso de nuevas urbanizaciones y construcciones: parecía imposible que sobre el negocio apareciera alguna vía de agua, mucho menos de las dimensiones a las que finalmente se llegó.

De un tiempo a esta parte, sin embargo, nos desplazamos a las antípodas, no solo ante unas coordenadas radicalmente diferentes, sino casi diametralmente opuestas. La paulatina retirada de los operadores financieros tradicionales en el crédito al empresario y, en especial, las reticencias ante productos como el crédito para comprar suelo o el propio crédito al promotor han propiciado no solo que se intensifique la mirada, sino la propia actividad de los fondos de inversión y los fondos deuda sobre el mercado inmobiliario, incluido el mercado «coliving».

España es una plaza muy interesante para fondos que cuentan con su sede en Estados Unidos y Europa y que son gestionados, representados e intermediados en nuestro país por compañías como Dexter, con profesionales altamente cualificados y dominadores de su área (jurídica, contable, inmobiliaria, puramente financiera...), con experiencia de décadas en el sector, y que facilitan el acceso al capital con las notas de la seguridad y la transparencia, de la inmediatez y de la velocidad; apostando por proyectos que, probablemente desde esquemas de pensamiento en gran medida obsoletos, aún no están maduros pero que, como es el caso de los productos y los formatos «coliving» en sus distintas ramas, se encuentran en una tendencia alcista, están encaminados a consolidarse y, por consiguiente, a conseguir éxito.

Desde este diagnóstico y esta óptica, la de la financiación extrabancaria, hay varios elementos que hoy por hoy se tienen muy presentes no para apostar «a riesgo», sino para entrar en un campo de juego que ya empieza a tener las líneas definidas y bases sólidas y que, por consiguiente y en suma, dispone de fundamentos.

En primer lugar, hay ciudades, capitales de provincia principalmente, destinadas de manera preferente a albergar desarrollos «coliving»: ya hay presencia y habrá profundidad. En segundo lugar, hay no un único perfil demandante sino varias «tipologías de cliente» que han ido tomando forma con el cambio de sociedad y de estilo de vida y que están destinadas a cuajar, a cristalizar más pronto que tarde. En tercer lugar, en todos los ámbitos de la economía, para darse el progreso, debe haber un ángulo de innovación, algo que es enteramente trasladable y extrapolable al mercado inmobiliario. En cuarto lugar, para «recoger lo sembrado», en muchos casos hay que adoptar un papel de liderazgo, hay que ejercer de precursor para abrir un camino de mucho tránsito y de mucha y positiva concurrencia a futuro.

Es desde el análisis de estos elementos, desde este prisma, transformacional, desde el que hay que entender el papel de la financiación a través de fondos de inversión. Hay edificios, como es sabido, de alquiler residencial tradicional, a los que se les están sumando zonas comunes y todo el catálogo de servicios que se vienen ofreciendo y gestionando desde el «coliving». Y este amplio abanico de posibilidades está consiguiendo que el público objetivo, el destinatario final de estas viviendas sea mucho más abierto, con perfiles, por tanto, más heterogéneos, e incluso menos previsibles sobre el papel.

Tanto es así, que cuando se analiza para el respaldo financiero la viabilidad de un proyecto de «coliving», se aterriza, caso por caso, en su cliente/usuario final. Y así, se observa que hay desde profesionales desplazados hasta nómadas digitales, desde estudiantes de postgrados o en prácticas hasta personas de más avanzada edad en busca de un nuevo modelo de vida o, simplemente, de un cambio en su vida.

Igualmente se observa, y no es superfluo, que en ese mercado final hay una necesidad material creciente de contar con «soluciones habitacionales» (es inquietante la falta de viviendas en alquiler en numerosas ciudades o su inaccesibilidad por un criterio de precios); y, a la vez, hay una necesidad inmaterial perfectamente contrastable de vivir nuevas experiencias en comunidad.

La valoración que desde el capital privado se lleva a cabo del éxito y consolidación de los nuevos formatos inmobiliarios está muy ligada, por tanto, a las propias leyes del mercado. Cuando hay un empresario que, en una ubicación cuidadosamente seleccionada, apuesta por un edificio que cuenta con gimnasio y *coworking*, con sala de cine y cocina y salones comunitarios, con zona de lavandería e incluso con «*chill out*» y piscina para el descanso de los huéspedes/vecinos… cuando además ese empresario apuesta por la incorporación en esas instalaciones de la domótica más avanzada para los residentes, no resulta nada sorprendente la presencia de un fondo de inversión que esté dispuesto a operar como «compañero de viaje», dada la calculada y previsible rentabilidad del negocio.

LA NECESIDAD DE UN *BUSINESS PLAN* CON FUNDAMENTOS

Como referentes asentados en la gestión e intermediación financiera con capital privado, en Dexter, y ante el fenómeno del «coliving», se vienen trabajando durante años los distintos parámetros que condicionan los proyectos, y cada uno de los estudios de viabilidad —solicitudes de capital, en definitiva— que se presentan buscando una aprobación rápida, sin demoras, sin trabas burocráticas.

Resulta no fundamental sino imprescindible en cualquier «*business plan*» que la parte que compete a la intervención de la Administración Pública esté completamente resuelta, sin ningún punto de incertidumbre. Dicho en otros términos, que el desarrollo se pueda acometer, con el correspondiente proyecto y licencia; y que si esa Administración ha tenido que intervenir, por ejemplo, aprobando la adaptación o rehabilitación o reforma de edificios obsoletos, cualquier incidencia que haya podido surgir en el pasado haya quedado totalmente despejada antes de solicitar el volcado de capital.

No es baladí este aspecto. Dentro de un procedimiento de «*due diligence*» previo a la aprobación de cualquier solicitud crediticia, no puede avanzarse ante la menor amenaza de inseguridad legal vinculada a un producto inmobiliario, en parte novedoso, y que precisamente contando con el respaldo de esa seguridad jurídica conseguirá atraer con mayor velocidad y fuerza a fondos de inversión dispuestos a entrar en escena. Expresado de otra manera: ninguno de los operadores cardinales involucrados en el impulso del «coliving» puede permitirse fallar.

Dentro del citado «plan de negocio», resulta vital analizar y certificar el potencial comercial de cada promoción. En este caso, la salida a beneficios. En efecto, en el «*real estate*» español hay miles de camas tanto proyectadas como en demanda, y muchas de ellas encajarán en lo que era la tradicional normativa de vivienda colectiva o residencia compartida; en suma, en un concepto de «vida en comunidad». Pues bien, resulta determinante que, desde su original concepción, el promotor tenga vislumbrada su propia rentabilidad, la explotación de esos alojamientos flexibles que llevará a cabo y, en fin, el retorno de la inversión. Un ejercicio que desde la gestión financiera se mira con extrema meticulosidad y partiendo de la base de que «la hoja de Excel no lo aguanta todo».

Un gestor e intermediario financiero, especialmente ante determinados formatos inmobiliarios que están por echar raíces y asentarse, ha de ponerse con especial énfasis en los zapatos del empresario y responder a cuestiones cruciales, en esencia: qué capital se necesita y cuál es el balance entre recursos propios y deuda; cuál es el destino de ese capital a lo largo del tiempo; cómo se prevén obtener fuentes de ingresos imprescindibles para proceder a la amortización del préstamo de manera definitiva o para volver a hipotecar, a más largo plazo, con una entidad tradicional; y, en fin, con qué garantía contará el fondo que actúe como prestamista, siendo preferente la hipotecaria —en aras de la agilidad del proceso— y complementaria la corporativa.

UNA APUESTA PRUDENTE Y, AL TIEMPO, DECIDIDA

Corre en ocasiones la especie, entre empresarios que están poco habituados a moverse en el terreno de la financiación alternativa y los fondos de inversión, de que estos entran en proyectos arriesgando, y en modo alguno es así. Tampoco se trata de que quienes actúan como inversores/prestamistas en el sector inmobiliario sean hoy en España especialmente conservadores, pero cada iniciativa, cada proyecto se mira con lupa. Poco queda planteado en términos de «apuesta» sin que todo cuanto plantea el empresario esté lo suficientemente causalizado, documentado, informado en toda su extensión.

Partiendo de esta premisa, la financiación con capital privado está llamada a convertirse en un instrumento fundamental para la proyección de los diversos modelos de «coliving» en España. No es un pronóstico a futuro, sino una incipiente realidad presente. Ya hay unos cimientos. Ya hay un trabajo desarrollado. Y hay, sin duda, una perspectiva de crecimiento clara por los propios parámetros que el mercado presenta y su previsible evolución.

Ni mucho menos en conflicto con operadores tradicionales, más proclives a «esperar y ver», sino de manera complementaria con ellos, los grandes y, en general, los promotores de «coliving» en España saben que disponen de una vía de aportación de recursos no solo alternativa, sino complementaria para hacer realidad sus sueños. Y la Administración, también ya en marcha, ha de saber que su esencial y limitado papel habrá de concentrarse en rematar una normativa simplificada y, sobre todo, eficaz. También en el sector inmobiliario se sienten los efectos de un mundo que cambia.

GLOSARIO

COHOUSING: Una forma de vivienda colaborativa en la que los residentes participan activamente en el diseño y la gestión de su comunidad, compartiendo espacios comunes y recursos, fomentando la interacción social y promoviendo valores de cooperación y sostenibilidad.

***COHOUSING* SÉNIOR**: Una variante del *cohousing* diseñada específicamente para personas mayores, que ofrece un entorno de vida comunitario adaptado a las necesidades y preferencias de este grupo demográfico, con servicios y facilidades que promueven el envejecimiento activo, la autonomía y la calidad de vida.

COLIVING: Una forma de vivienda compartida en la que los residentes tienen habitaciones privadas, pero comparten espacios comunes como cocinas, salas de estar y áreas de trabajo, con un énfasis en la promoción de la colaboración, la comunidad y la sostenibilidad.

COWORKING: Un modelo de trabajo en el que profesionales independientes, emprendedores y empleados remotos comparten un espacio de trabajo común, lo que facilita la colaboración, la creatividad y el intercambio de ideas, promoviendo al mismo tiempo la eficiencia energética y el uso compartido de recursos.

ECONOMÍA DEL COMPARTIR: Un modelo económico basado en el intercambio y la colaboración de recursos, bienes y servicios entre individuos, comunidades o empresas, que promueve la eficiencia, la sostenibilidad y la inclusión social, alentando el uso compartido de activos y la reducción del consumo excesivo.

ESPACIOS FLEXIBLES: Ambientes diseñados para ser multifuncionales y adaptables a diferentes usos y actividades, como áreas de *coworking*, salas de reuniones modulares y zonas de recreación, con un enfoque en la eficiencia energética, la utilización de materiales sostenibles y la optimización del espacio.

ESTILO DE VIDA NÓMADA DIGITAL: Una forma de vida caracterizada por la movilidad geográfica y la capacidad de trabajar de forma remota utilizando tecnologías digitales, lo que permite a las personas vivir y trabajar en diferentes lugares alrededor del mundo, con un compromiso con la sostenibilidad ambiental y la preservación de los recursos naturales.

FLEX LIVING: Un término que describe un estilo de vida que prioriza la flexibilidad en diversos aspectos, como el trabajo, la vivienda y la convivencia. Implica adaptabilidad en la configuración del espacio habitacional y en las modalidades de trabajo y ocio, con un enfoque en la sostenibilidad ambiental y social.

FLEXIBILIDAD LABORAL: Políticas o prácticas que permiten a los empleados adaptar sus horarios, lugares de trabajo y modalidades de empleo para satisfacer sus necesidades individuales y las de la empresa, fomentando así la conciliación entre la vida laboral y personal, así como la reducción del estrés y el agotamiento laboral.

INFRAESTRUCTURA DE VIVIENDA: El conjunto de instalaciones, servicios y sistemas que apoyan y facilitan la provisión de viviendas, incluyendo redes de suministro de agua, electricidad, gas y saneamiento, así como accesos viales, transporte público y equipamientos urbanos, con un enfoque en la eficiencia, la accesibilidad y la sostenibilidad a largo plazo. La evolución de espacios diseñados para residir que incluyen servicios y facilidades tanto para la vida personal como profesional. Esta infraestructura se caracteriza por la capacidad de adaptarse y ampliarse según las necesidades cambiantes de los residentes y las tendencias del mercado. Además de proporcionar viviendas, esta infraestructura puede incluir áreas comunes, zonas de trabajo colaborativo, instalaciones de ocio y recreación, servicios de transporte, acceso a tecnología y otros recursos que promueven un estilo de vida integral y sostenible. Esta evolución busca ofrecer entornos habitacionales que no solo sean lugares para vivir, sino también para trabajar, socializar y disfrutar, con un enfoque en la calidad de vida, la eficiencia energética y la sostenibilidad a largo plazo.

MOVILIDAD RESIDENCIAL: La capacidad de cambiar de lugar de residencia de manera frecuente o temporal, ya sea por motivos laborales, familiares o personales, aprovechando opciones de vivienda flexibles y adaptadas a las necesidades individuales, con un enfoque en la reducción de la huella ecológica y la promoción de estilos de vida sostenibles.

TELETRABAJO: Práctica laboral que permite a los empleados realizar su trabajo desde fuera de la oficina, generalmente desde sus hogares o espacios de *coworking*, utilizando tecnología de comunicación remota, lo que contribuye a la reducción de la huella de carbono asociada con los desplazamientos diarios al trabajo.

VIVIENDA MODULAR: Edificaciones construidas con unidades prefabricadas que pueden ser ensambladas, desmontadas o reconfiguradas según las necesidades del usuario, lo que permite una mayor flexibilidad en el diseño y la distribución del espacio habitacional, así como la reducción del desperdicio de materiales y la optimización de recursos.

AGRADECIMIENTOS

Este libro no hubiera sido posible sin el apoyo y la inspiración de muchas personas a lo largo del camino. En primer lugar, quiero agradecer a todos los socios de COWORD, colaboradores y patrocinadores por su constante apoyo, confianza y paciencia; muy en especial a los socios fundadores de COWORD, Irene Trujillo y Antonio Ñudi, a los miembros de la Junta Directiva y a Sandra Daza con quien he podido coordinar este maravilloso libro. La fe de todos ellos, en mí y en este proyecto ha sido una fuente constante de motivación.

A mi familia, mis hijos Chema y Pablo, gracias por su amor incondicional y por ser siempre mi refugio. Su apoyo me ha dado la fuerza necesaria para superar cada desafío, que me han hecho, sin duda, mejor persona.

A mis amigos, quienes han compartido conmigo ideas, opiniones y momentos de reflexión que han enriquecido esta obra. Su presencia ha sido fundamental en este proceso. A mi mentora, Myriam Gónzalez, que me puso en contacto con la editorial Tecnos del Grupo Anaya, de quien he aprendido mucho sobre el *Liderazgo de Servicio*.

Quiero agradecer también a las personas que desde el inicio confiaron en COWORD y en conocer de nuestra mano qué son los espacios inmobiliarios compartidos, coliving, cosenior, cohousing y lo que íbamos a contribuir para impulsar estas formas de vida en el mundo Flex Living, como José María García, Viceconsejero de Vivienda, Transportes e Infraestructuras de la Comunidad de Madrid y Sigfrido Herráez, Decano del Colegio Oficial de Arquitectos de Madrid (COAM). Y a la editorial y su equipo por su valiosa guía; por ayudarnos a dar forma a nuestras ideas, transformándolas en lo que hoy es este libro..., querida Paula Vázquez, no olvidaré el verano de 2024.

Finalmente, gracias a ti, lector, por tomarte el tiempo de sumergirte en estas páginas. Este libro es tanto nuestro como tuyo y es un honor poder compartirlo contigo.

Con gratitud, nada sin tí E.S.

Araceli